～ホスピタリティの先にあるもの～

接遇介助士ホスピタント の 教科書

NPO法人日本ホテルレストラン経営研究所
理事長　大谷晃　/　上席研究員　鈴木はるみ

目　　次

■ NPO法人日本ホテルレストラン経営研究所　接遇介助士ホスピタント推進機構
高齢者、身体の不自由な人、または国籍やLGBTQなど多種多様の人たちに対して、分け隔てないおもてなし「ヒューマニティ“人間性尊重精神”」を持つ【接遇介助士ホスピタント】の育成が急務です。
高齢化社会に対応するため、全ての職業に必要なための知識と技術です。
ワンランク上のおもてなしができる「接遇介助士ホスピタント」を育成するため、当NPOでは資格認定を行っております。
＊【接遇介助士ホスピタント】は、登録商標です。（商標第6511563号）

はじめに

❖ 接遇介助士ホスピタントとは

「ホスピタント」とは、ホスピタリティとタント（イタリア語）を組み合わせた造語で、沢山の奉仕の心を持った人を指す言葉です。

「接遇」とは、どのお客様に対しても、分け隔てなく接客する技術のことです。
「介助」とは、高齢者・障がい者に限らず、手助けを必要としている全ての人に対して、日常生活行動など最も基本的なものをサポートすることです。サポートは一つの方法だけではなく、様々な状況により求められるサポートの内容は異なります。

つまり、接遇介助士ホスピタントとは、
高齢者・障がい者の介護をする人のことではなく、
「全ての人に対して、差別なく接客し、その人らしく過ごせるようなサポートができる、一流のホスピタリティの心を持った人」のことです。

サポートが必要な人とは、高齢者、障がい者に限りません。
海外からの旅行者、妊娠中の人、小さなお子様、ケガをされている人なども、様々な状況によってサポートが必要となります。
また、アレルギーのある人、宗教、健康状況、食習慣、LGBTQ など、見た目ではわからないけれど、細やかなサポートが必要な人も多くいらっしゃいます。

様々な人たちに、そのとき、その人に必要なサポートを提供することができる人、
それが、「接遇介助士ホスピタント」です。
では、必要なサポートとは、どんなことなのでしょう。
車椅子のお客様が来たら、お客様のところに駆け寄り、車椅子を押してあげることでしょうか。

そうではありません。
何かを手伝うこともサポートで、見守ることもサポートです。
サポートは、一つでは無いことを学んでいってください。
正しく接遇し、正しく介助し、正しくおもてなしする方法を学んでいきましょう。

あなたにしかできない「接遇介助士ホスピタント」がきっとあるはずです。

接遇介助士ホスピタントは、旅館・ホテルなど宿泊業界、観光業界、外食業界、ブライダル業界、介護・医療などのホスピタリティ産業だけに存在すれば良いものではありません。

コンビニエンスストアや車のディーラー、デパート、銀行、郵便局、花屋さんや本屋さん、家電量販店など販売を伴う接客や、美容室、理髪店、不動産業、情報通信業、タクシーやバスの運転手など運輸業、教育・学習支援業など、全ての職業に「ホスピタント」が存在する環境にしたいと考えています。

2020年、全世界にパンデミックを巻き起こした新型コロナウイルス感染症（COVID-19）は、ホスピタリティ産業に限らず、ありとあらゆる業界に大打撃を与えました。
社会が大きくダメージを受けたことによって、会社・法人の経営難や、廃業・倒産などにより、仕事を失った人もいました。結果、一家離散、離婚、自殺、心中など悲しい出来事で家族や友人や大切な人を失った人もいました。
失われた時間、悲しみは、取り戻すことができません。

たくさんの人たちから笑顔が失われ、思いやりの心が枯渇してしまいそうな時間がありました。同時に、人と人が触れ合うことや交流できることの大切さを実感した時間でもありました。

パンデミックは、たくさんの人たちの「普通」を奪ったのです。
様々な人たちの「常識」を覆したのです。

だからこそ、
このパンデミックを経験した私たちは原点回帰し、これから未来に向けて、
「笑顔と温もり、分け隔てないおもてなしを実現する世界」
を創り上げる必要があります。

たくさんの人が交流し、楽しみ、笑いあう世界を創り上げるためには、接遇介助士ホスピタントは必要不可欠です。

今までは対応できなかったことも、これからの世界なら対応できるようになる。

そのような世界を創り上げるため、接遇介助士ホスピタントには、積極的に世界と関わり、活躍して欲しいと願っています。

❖ ホスピタントバッジに込められた想い

ヒューマニティ "人間性尊重精神" を表すデザインを考えたときに、
思い浮かべたのは、ユネスコ（国際連合教育科学文化機関）憲章でした。

人間の尊厳・平等・相互の尊重という民主主義の原理に基づき、
文化の広い普及と正義・自由・平和のための人類の教育が、人間の尊厳に欠くことができないものであることや、全ての人たちが、相互の援助及び相互の関心の精神をもって果たすべき神聖な義務であるという考えです。

分け隔てないおもてなしと、ヒューマニティ "人間性尊重精神" を持った「ホスピタント」は、世界に通じる考えであるという想いから、地球をモチーフにして丸い形にしました。

色は、日本の伝統色の一つ「瑠璃」で仏教の七宝の一つとされており、「竹取物語」にも記述があります。

「瑠璃」の洋名は、「ラピスラズリ（Lapis lazuli）」で、古くから「聖なる石」とも呼ばれ、第三の目を開かせる・直観力や判断力を身につけるパワーを持っているといわれます。幸運をもたらすパワーストーンとしても有名です。「願いの現実化」や「不安や邪念を取り去る強力な邪気払い」として身につけて欲しいという願いを込めた、瑠璃色に輝くバッジです。

幸運は、バッジをつけるその人だけにもたらすのではなく、ホスピタントと関わった人たちにももたらすようにと、世界平和の祈りも含まれています。

上方部には、日本の国花である桜を三ツ星調に表現し、
中央には、分け隔てないおもてなしとヒューマニティ "人間性尊重精神" を持った人材である証の「HOSPITANT」の称号が描かれています。
下方部には、平和と繁栄を意味するオリーブの葉をあしらいました。

接客・接遇に関わる人たちが全てホスピタントとなり、このバッチをユニホームにつけて働く人たちが、
　人間の尊厳・平等・相互の尊重という精神を持てるように。
　プライドと使命感を持ち、今より働きがいのある仕事となるように。
そんな願いが込められています。

❖ これからの社会に必要な知識と技術

社会問題になっている超高齢化社会に向けて、また身体の不自由な人に対して、または国籍やLGBTQに対して、分け隔てないホスピタリティあふれる人材「接遇介助士ホスピタント」の育成が急務です。

いままでは個人や家庭が担ってきたことを、これからの世界では、個人に任せるのではなく、社会に関わる全ての人が「接遇」の知識と技術、「介助」の知識と技術を持つことが重要になってくるのです。

これは、サポートを必要とする人だけではなく、現在働いている人たちや未来を担う若者にも必要な技術となります。

あるカップルのお話です。
新郎と新婦は東京で出会い、数年のお付き合いを経て、結婚することになりました。
両家の親御様はとても喜び、結婚式の日を楽しみにしています。

新郎は東京出身、新婦は京都出身です。
中間地点で結婚式を挙げることも考えたお二人ですが、職場は東京にあり、会社の人をたくさん招待したい二人は、東京で結婚式を挙げることに決めました。

ただ、心配なことが一つ。
それは、新婦の大好きなおばあ様のこと。
自宅から駅まで、そして京都から東京までの新幹線移動、そして結婚式に出席となると、新婦のお父さんとお母さんが、おばあちゃんの介助をするのはかなり難しいのではないかということになり、家族会議が行われました。

「おばあちゃんに見てもらいたい」それが、新婦の一番の希望です。
ですが、現実的に考えると、お父さんお母さんがおばあちゃんにずっと付き添って介助することが難しく、家族会議の結論は出席は諦めるしかないということなのです。

その話を聞いた私は、「接遇介助士ホスピタント」の必要性を強く感じたのです。

おばあ様は、ゆっくりですが一人で歩くことができます。

食事も、家族と全く同じものを食べることができます。

つまりホテルスタッフ・サービススタッフが介助に対する基礎的な知識と技術があれば、家族に替わっておばあ様のサポートをすることが可能なのです。そうすればおばあ様もお父様お母様も全員安心して結婚式に出ることができます。新婦の一番の希望を叶えてあげることができるのです。

新婦の希望を叶えてあげられるスタッフ、それが「接遇介助士ホスピタント」です。

接遇介助士ホスピタントは、高齢者などサポートが必要な人を家族だけがサポートするのではなく、社会全体でサポートするという考え方です。

例えば、ゆっくりだけど自分で歩けるまたは歩きたいと希望するお客様なら、

スタッフが、同じ速さで一緒に歩き案内をする。

駅や改札まで、乗車口まで迎えに行き、その後ハイヤーで会場までアテンドする。

そのようなサービスがあっても良いのです。

お肉を事前に一口サイズにカットしておく。

箸を用意してあげる。

そのようなことは、どの施設やお店でもやっている、またはやってあげられることではないでしょうか。

このように考えていくと、サポートの方法は、いろいろあるのです。

本書では、「接遇介助士ホスピタント」としての知識と技術を学びたい人だけに限らず、自分や家族の将来のことを考える人を応援していきます。

一定の知識と技術を身につけた人に対して、「接遇介助士ホスピタント」の呼称認定を行っております。ぜひチャレンジしてみてください。

特定非営利活動法人
日本ホテルレストラン経営研究所
理事長　大谷 晃

＊接遇介助士ホスピタントは、登録商標です。

第1章
接遇介助士ホスピタント
の資質とは

❖ 接遇介助士ホスピタントの心構え

さて「接遇介助士ホスピタント」とは、どのような人を指すのでしょうか？

NPO 法人日本ホテルレストラン経営研究所　接遇介助士ホスピタント推進機構では、このように定義しています。

- ●目配り、気配り、心配りのできる人
- ●分け隔てないおもてなしができる人
- ●自分と違う考えを受け入れられる人
- ●優しさと思いやりの心を持った人
- ●相手の立場に立って物事を考えられる人
- ●相手の気持ちが分かる人
- ●人の痛みが分かる人
- ●誰か困ったときに、何かをしてあげようと考え行動できる人
- ●相手の為に一生懸命、相談にのってあげることができる人
- ●相手が望むことを察知できる人

そして、一番大切な基準は、「人間性尊重精神を持った人」です。
相手の気持ちを理解し、実行する知識と技術があり、相手の意思や想いを尊重できる人が、「接遇介助士ホスピタント」です。
　　　＊接遇介助士ホスピタントは、商標登録されています。（商標第6511563号）

東京オリンピック・パラリンピックが決定したときに、従来の「気が利いた"サービス"」から「心からのおもてなし"ホスピタリティ"」にフェーズが変わりました。そしてこれからは、「ヒューマニティ"人間性尊重精神"」の時代です。

これから全ての職業において、「誰かに喜んでもらうために、どう行動すべきか」を真に考え、おもてなしのフェーズを最大限に上げ、分け隔てないおもてなし「ヒューマニティ"人間性尊重精神"」の世界を実現するために、大きく変革していかなくてはいけないのです。

これから日本は超高齢化社会に入っていきます。そのときに、自分たちの生活をより良くするためにも、この接遇介助士ホスピタントの考え方は役に立つことでしょう。

●ヒューマニティとは
「人間性尊重精神」というと、難しく感じてしまうかもしれませんが、文字のとおり、素直に考えてみましょう。

誰しも、「自分らしさ」を大切にしたいと考えます。
「自分らしさ」の内容は人によって違いますが、共通する部分は「誰かに強制されたくない」「誰かの都合で制限されたくない」という部分にあるのではないでしょうか。

とはいえ、ときに我慢をしたり譲ったり妥協をすることもあるでしょう。「自分らしさ」を大切にしたいからといっても、全てを自分の思うとおりに行動することは、社会生活を送る中で認められない主張です。

では、逆に考えてみましょう。
「自分らしさ」を全て否定されたとしたら、どのように感じますか？
きっと、絶望に近い気持ちになるのではないでしょうか。
そうです。全てを思う通りに行動することが認められないのと同様に、自分以外の「自分らしさ」を全て否定することは、許されないことなのです。

「共によりよく生きる」それが、人間性尊重精神です。
社会生活を送る中で、全てを否定するのではなく、その人らしさを大切にする（尊重する）こと、物事を「全肯定意識」を持って受け入れることが、ヒューマニティです。

全を叶えることができなかったとしても、相手が必要としていることを尊重することが、ヒューマニティの最初の一歩です。
ときには、手伝わないことも、ヒューマニティの精神です。
相手の気持ちを察して、相手が喜ぶことを考えて行動することが、ヒューマニティだからです。

例えば、一人でご飯が食べられるようになった子供は、周囲にちょっと料理をこぼしながらも、一人で食事をすることに達成感と満足感を得ます。
料理が飛び散るからと、一人で食べることをやめさせ、大人が食べさせてあげるという行動は、ヒューマニティではありません。
できることまたはやりたいという意思がある場合は、公序良俗に反しない限り、見守ったり、そっとサポートすることがヒューマニティなのです。

❖ 接遇介助士ホスピタントが目指す社会とは

「ホスピタリティ溢れるサービス」というものが、現在では当たり前のように求められる社会です。
そして、これから目指すべき社会は「ヒューマニティ"人間性尊重精神"」の考えを基に、それぞれが行動できるようになる社会です。

様々な仕事において、専門的な技術と知識が必要ですが、どの仕事においても共通するのは、「最高で感動する時間」を提供することです。
お客様に喜んでもらえるサービスを提供することです。

「誰かに喜んでもらうために、どう行動すべきか」を常に考え、実践していく。
それが『接遇介助士ホスピタント』なのです。

小さなお子様のお客様がいたら、
　スプーンを用意するように
　小さな椅子を用意するように

そのようなおもてなしの心と、まったく一緒です。
お客様が必要としていることを正しく理解し、必要なものをスマートに準備し、必要とされたときに笑顔で寄り添うこと。
それが、ホスピタントに求められる接遇介助です。

ヒューマニティ"人間性尊重精神"が必要な仕事
　■旅館・ホテルなどの宿泊業、旅行・観光業、ブライダル業界
　■飛行機や電車・タクシーなどの運輸業
　■美容業・エステ業・ペットショップ・ハウスクリーニング・不動産業・
　　カーディーラーなど接客業
　■アミューズメント・レジャー業界
　■レストランや居酒屋など飲食サービス業
　■百貨店・ショッピングモール・家電量販店・専門店・コンビニエンスストア
　　など販売業
　■医療・介護・福祉業界
　■学習支援・教育業界　　　　　　　　　　　　　　　　　　　など

接遇介助士ホスピタントが目指す社会は、「分け隔てないおもてなし」ができる社会です。

想像してみましょう。
もしも、お客様から普段と違うリクエストを急に言われたら、あなたならどんな行動ができるでしょうか。自分の仕事を思い浮かべ、考えてみてください。

あなたがどんなにベテランであったとしても、一瞬、慌ててしまうのではないでしょうか。
急に、経験のない（＝知らない）リクエストを受けたら、断ってしまうかもしれません。対応するために、時間がかかってしまうかもしれません。

それは、ある意味仕方のないことだと思います。

知識もなくて、経験のないリクエストに対しては、お客様の安全を守るうえでも、「断る」という判断をすることも、ときには正しいと思います。
一方で、「なんとかして、リクエストを叶えてあげよう」と、夢中になって取り組む姿もすばらしいことだと思います。

ただ、考えて欲しいのは、お客様の気持ちです。
スタッフが迷ったり、バタバタとしている様子を見ているお客様の気持ちです。

【考えてみましょう】
スタッフが、あなた（お客様）のリクエストに対して、バタバタしている様子を見て、あなたはどのように感じますか。

....
....
....
....

スタッフが慌てる様子を目にしたお客様は、「来なければ良かった」と思うかもしれません。
自分がいることで、「他人に迷惑をかけてしまう」と思ってしまうかもしれません。

そのお客様は、もしかすると、
　旅行に行くことが、
　食事に行くことが、
　外出することが、
　人と会うことが、
　人に話しかけることが、

怖くなってしまうかもしれません。

本来、
　お客様の笑顔を一つでも増やすこと
　お客様の不安を一つでも多く取り除くこと
　お客様が安全・安心して過ごせる環境を整えること
　思い出に残る時間と空間を提供すること
が使命です。

「スタッフが慌てる様子を目にして、迷惑をかけるのではないかと不安になり、行ってみたかった場所に行けなくなってしまう」
そのような社会になってしまうことを、防がなくてはいけません。

そのためには、正しい知識と技術が必要なのです。
完璧じゃなくても良い。
お客様が笑顔になってくれる接客・接遇を目指しましょう。

●ヒューマニティを大切にする世界とは
ヒューマニティとは、一部の人たちへの心配りではありません。

人は、生まれてから死んでいくまでの間、環境は常に変化しています。
成長することによって、
　　歩けなかった幼児が、歩けるようになったり
　　食べられなかったものが、食べられるようになったり
年齢を重ねることによって、
　　身体の痛みが出たり、耳が遠くなったり、目が見えにくくなったり
環境の変化によって、
　　自分らしさを見失ったり、新しいものを好きになったり
外的・内的の様々な要素が複雑に絡み合って、人は形成されています。

例えば、妊娠中は、普段は嫌いなものが食べられるようになったり、逆に好きなもの
が食べられなくなったりします。
小さな子供を乗せてベビーカーで出かけるときは、バスや電車のわずかな段差が気に
なったりします。
常に人は、変化しているのです。

なので、ヒューマニティを大切にする世界では、
　　何かができないから、
　　何かが違っているから、
　　自分と違うから、
　　人と違うから、
という理由で、区別や差別をしないことです。

今日はできていても、明日はできないかもしれない。
そんな可能性は誰にでもあるということを忘れないことです。

ボーダーレスで、ジェンダーレスな世界・社会を作ることが、ホスピタントが目指す
社会です。

❖ 超高齢化社会の現状とは

1950（昭和25）年に8,411万人であった人口は、増加を続け、2010（平成22）年に１億2,806万人のピークに達しました。しかしその後、人口は減少に転じており、2055年の総人口は9,744万人と、１億人を割り込むことが予測されています。

一方、総人口が減少する中で、65歳以上の人口は年々増加しており、2025年には総人口の30％が65歳以上の高齢者となり、2036年には高齢化率が33.3％におよび、人口の３人に１人が高齢者になると予測されています。75歳以上の人口については、2054年まで増加傾向が続くことが予測されています。

＊超高齢化社会とは、国連の専門機関であるWHO（世界保健機関）の定義に基づき、総人口に対して65歳以上の高齢者人口の占める割合が21％を超えている社会のことを指します。

高齢化の推移と将来推計

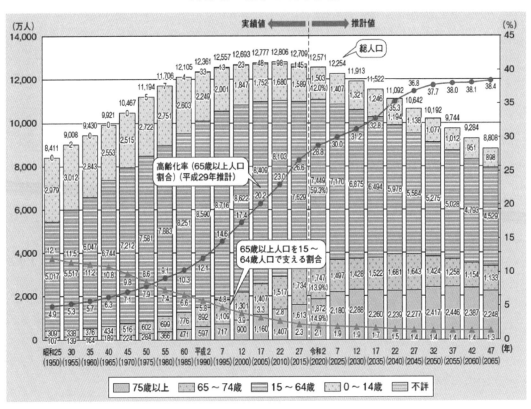

出所：内閣府 令和3年版高齢社会白書

では、「65歳以上」の人が全員、「生産年齢人口」に含まれなくなるのでしょうか。

いいえ、そうではありません。
高齢者の就業者数は、2004年以降、ずっと増加傾向にあります。

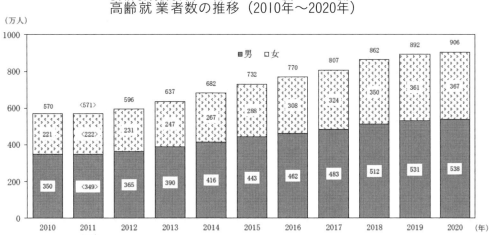

高齢就業者数の推移（2010年〜2020年）

資料：「労働力調査」（基本集計）
注1）数値は、単位未満を四捨五入しているため、合計の数値と内訳の計が一致しない場合がある。
注2）2011年は、東日本大震災に伴う補充推計値

2020年の65歳以上の就業率は、25.1％と上昇傾向で推移しています。
年代別で集計すると、65〜69歳の高齢者の就業率は、男女計で49.6％、男性は60％となり、多くの人が働いていることが判ります。
つまり、高齢者と呼ばれる65歳を過ぎても、現在も活躍している人たちが多いということです。これは、医療の発達や生活環境の変化によるもので、「超高齢化社会」と「健康長寿社会」が同時に成立していることを意味しています。

●高齢者の割合は、年々増え続けていて、超高齢化社会に歯止めが効かない。
●健康寿命が延びている日本。
●高齢者も、今も現役で活躍している人が多い。

「高齢者に対してのサービス」は、これから日本経済のキーワードの一つになると考えられます。

❖ 超高齢化社会に適した世界

多くの人が健康で過ごしているとはいえ、加齢による衰えは、無視できません。
平成29年度高齢者白書によると、2012年、認知症患者数は約460万人で高齢者人口の約15％でしたが、2025年になると、人口の５人に１人が認知症になるという推計が出ました。
認知症の要因の一つが「加齢」であることから、超高齢化社会で暮らす私たちは、「誰もが認知症になりえる」「他人事ではない」ということを意識しておかなくてはいけません。

例えば、
●食べたメニューを思い出せない　　●外出先で人と会ったことを忘れる
というのは、「加齢による単なる物忘れ」といえるでしょう。「体験の一部だけ忘れてしまっている」けれど「ヒントがあれば思い出せる」という状況です。

認知症の場合は、
●食事をしたこと自体を忘れる　　●外出したこと自体を忘れる
という状態になります。記憶の全体が抜け落ちてしまっている状況です。他にも「時間や季節・温度差の感覚が薄れる」というケースもあります。

ですが、認知症の人の自我が失われているわけではありません。
物忘れであっても、認知症であっても、当事者には感情があり、プライドがあることを忘れてはいけません。超高齢化社会で暮らす私たちと、同じ感情とプライドを持っているのです。
お客様の言動に戸惑うことがあったとしても、相手の感情を理解し、様々な人たちに対応できることがプロです。

認知症かどうかに関係なく、
・様子を見守る
・おだやかに、活舌良く話しかける
・笑顔で相手の目を見る
・相手の話に耳を傾ける
・周りを取り囲まない
・後ろから話しかけない
・余裕を持ってゆっくり対応する
このように相手に寄り添うことが「超高齢化社会に適した世界」を創るきっかけになります。

●認知症 簡単チェック

参考：一般社団法人　日本顧問介護士協会

「もしかしたら、認知症かも」と気になったら、チェックしてみましょう。

簡単チェックリスト		
① 物が見つからないとき「盗まれた」と主張する	はい	いいえ
② 動作（行動）がゆっくりになった	はい	いいえ
③ 幻視を訴える（実際にはいない人や物があると言う）	はい	いいえ
④ 歩き方がぎこちなくなり、転ぶことが増えた	はい	いいえ
⑤ なじみ深い言葉の意味を忘れてしまう	はい	いいえ
⑥ 社会のルールを守れなくなった（他人の物を盗む、信号を無視するなど）	はい	いいえ
⑦ 最近の出来事をすぐに忘れてしまう	はい	いいえ
⑧ 親しい人や、なじみ深い物の名前が思い出せない	はい	いいえ
⑨ ニュースなど、周りの出来事に興味が持てない	はい	いいえ
⑩ 趣味が楽しめない・趣味をやめた	はい	いいえ
⑪ 同じことを何度も話す・聞く	はい	いいえ
⑫ よく不安な気持ちになる	はい	いいえ
⑬ 怒りっぽくなった・些細なことでイライラする	はい	いいえ
⑭ 家事など、よく慣れた作業手順を忘れてしまう	はい	いいえ
⑮ 物の置き場所が思い出せず、探し物が増えた	はい	いいえ
⑯ 言おうとする言葉がすぐに出てこない	はい	いいえ
⑰ 今日の日付がわからない	はい	いいえ
⑱ 同じものを何度も買ってくる	はい	いいえ
⑲ よく知った道なのに迷ってしまうことがある	はい	いいえ
⑳ 予定していたことを忘れてしまう	はい	いいえ

一つでも当てはまったら認知症かもしれません。
認知症は早期発見・早期治療が重要です。
気になる言動や行動があったら、まずは内科を受診し専門医へ繋げてもらうようにしましょう。専門医が在籍している所は、「精神科」「心療内科」「脳神経外科」など。
「物忘れ外来」や「メモリークリニック」など、認知症専門の病院もあります。

❖ これからの社会が抱える課題

接遇介助士ホスピタントの知識と技術は、超高齢化社会に伴う、別な問題にも対応していくべきだと考えています。
それは、「介護離職」「ヤングケアラー」「ワンオペ」です。

●介護離職

家族の介護を抱えている労働者が、仕事と介護を両立できなくなる状況を指します。
介護者は、とりわけ働き盛り世代で、企業の中核を担う労働者であることが多く、管理職として活躍する人や、職責の重い仕事に従事する人も少なくありません。
介護は、育児と異なり突発的に問題が発生することや、介護を行う機関・方策も多種多様であることから、仕事と介護の両立が困難となることが多いのです。
継続的に介護を行うためには、経済的な負担がかかります。また、介護が終了したあとの生活を視野に入れて考えなくてはいけないため、経済的基盤は重要です。介護に直面しても、すぐに退職することなく、仕事と介護が両立できるようサポートを受けることも考えることは大切です。

企業にとっても、経験を積んだ中核となる人材が、心身ともにストレスを抱え、介護との両立の難しさに悩み、離職してしまうことは、大きな損失になります。
仕事と介護が両立できる社会の実現を目指していくためにも、接遇介助士ホスピタントの存在が一つでも介護者の負担を減らすことができればと願ってやみません。

●ヤングケアラー

本来、大人が担うと想定されている家事や家族の世話などを、日常的に行っている18歳未満の子供を指しています。
具体的には、
・買い物・料理・掃除・洗濯などの家事を行う。
・家族に代わり、幼い兄弟姉妹の身の回りの世話を行う。
・目の離せない家族の見守りや声かけなどの気づかいをしている。
・障害のある家族のために、通訳をしている。
・家計を支えるために労働をしている。
・アルコール、薬物、ギャンブル問題を抱える家族に対応している。
・慢性的な病気を持つ家族の看病や介助をしている。
など未成年の子供たちは、現在自分の置かれた状況を受け入れるしかなく、「家のことに精一杯で自分のことができない」「家族が心配で家を空けられない」などの不安や悩みを抱えています。

家族の悩みを抱えている状況では、就職して正社員になることへの不安も大きいといいます。

次世代を担う子供たちが、安心して過ごせる時間を少しでも増やすためサポートすることも接遇介助士ホスピタントの役割です。

●ワンオペ

ワンオペレーションの略語で、家事・育児・介護などを担う人が一人しかいない状態を指します。

子育ては、とかく夫婦や家庭の問題ととられがちですが、様々な制約要因を除外していくことは、企業・職場や地域社会の役割でもあります。子育て支援体制が十分でないことから、女性が子育てと仕事の両立を難しいと感じているのが現実です。

理想とする子供数を持とうとしない理由としては、育児の心理的、肉体的負担に耐えられないという理由がかなり存在しているとされます。

「子供を持ちたい人が持てない状況」を解消し、安心して子供を産み育てることができるような環境を整えることが大切です。

妊娠中の人、お子様連れのお客様に対して、もっと相手の立場に立って、必要なサポートをきめ細かく行っていくこと、これは社会がもっと積極的に取り組まなくてはいけない課題の一つではないでしょうか。

介護のシーンも同様です。2019年、介護をする側と受ける側がお互いに65歳以上であることを指す「老老介護」は、全体の59.7％であることが発表されました。2065年には、約2.6人に１人が75歳以上の高齢者となるという推測の中、要介護者や要支援者も同様に増加傾向になると考えられ、介護のシーンでもワンオペが増えてくると予想されます。

介護というと、病院や施設へ入ることをイメージしがちです。

要介護の場合は、病院や介護士のサポートが必要ですが、要支援の場合、正しい知識と技術があれば、「介助」することが可能です。社会が介助をサポートすることができれば、一人が抱える負担を減らすことができるはずです。

超高齢化社会が抱える問題に対して、積極的に関わることは、次世代の負担を減らすことにもつながり、より良い世界をつくるきっかけになるはずです。

第2章
ホスピタントマナー

❖ ホスピタントマナーとは

ホスピタントマナーとは、
　「ビジネスマナー（現象・身・役割）」
　「ソーシャルマナー（具象・心・使命）」
　「ヒューマンマナー（抽象・芯・天命）」
"三象三芯三王哲学"から成り立ち、その全てのマナーが欠けることなくバランスよく融合されたマナーのことです。
接遇介助士ホスピタントは、この三つのマナーを融合した「ホスピタントマナー」を身につけなければいけません。

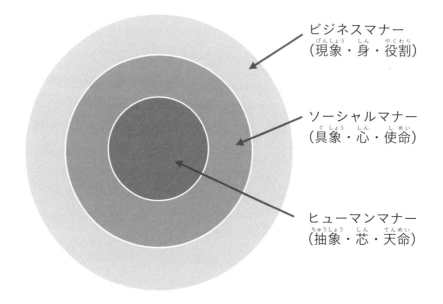

ビジネスマナー
（現象・身・役割）

ソーシャルマナー
（具象・心・使命）

ヒューマンマナー
（抽象・芯・天命）

ビジネスマナーは、身だしなみ・言葉づかい・立ち居振る舞い・接客対応など「相手に見える」部分のマナーを指します。

ソーシャルマナーは、相手の立場に立ったうえで行う、思いやり・気づかい・心づかいなど「相手に見えづらい」部分のマナーを指します。

ヒューマンマナーは、他者の様々な価値観を受け入れ、対応できる総合的な人間力を持ち、互いの人間の尊厳と人権を守り合う「相手に見えない」部分のマナーを指します。

では、なぜ三つを融合させないと駄目なのでしょうか。

●現象・身・役割は、見える部分「ビジネスマナー」

人が物事を判断するときは、まず初めに「見える部分」を手がかりにします。

「見える部分」というのは、"現象"のことであり、社会人として必要な"ビジネスマナー"のことです。

正に、「第一印象は、見た目が大事」という部分です。

「身だしなみ」という言葉のとおり、清潔感のあるユニホーム・美しい接客や言葉づかい・電話対応・立ち居振る舞いなど、見える"身"の部分です。

相手に、不快な思いをさせない・心地良い時間を提供するという"役割"です。

「見える部分」を整えることは、ビジネスはもちろん社会生活を送るうえで必要なマナーです。

●具象・心・使命は、見えづらい部分「ソーシャルマナー」

見える部分（身だしなみや言葉づかい）はすばらしいのに、「約束を守らない」「嘘をつく」「相手を傷つける」人は、"ソーシャルマナー"が整っていません。

"ソーシャルマナー"とは見ただけでは分からない「見えづらい部分」のことです。

見た目では分からなくても"使命"を持って取り組む姿勢は、必ず、相手の心に届きます。

お客様は、現象面のうわべだけではなく、具象面である「その人の心」を見抜くといいます。

良い顧客がたくさんいる人は、お客様がその人の「心」を見抜いている証です。

●抽象・芯・天命は、見えない部分「ヒューマンマナー」

「腹をくくる」「天地神明に誓う」という言葉のように、自分自身の覚悟・意識は、「見えない部分」つまり"芯"の部分です。

人と向き合うとき、相手の存在を尊敬し、偏らず、公平に話を聞き、人間性を尊重する行動は、その人の「品」となって表現され、その行動は全ての人を受け止める"天命"となります。

"ヒューマンマナー"の高い人は、やりきることの大切さと相手への感謝の心にあふれています。

また、目に見える現象を追い求めるのではなく、自分の信念や理想といった抽象的なことに力を注ぎ、人のために尽くします。

融合の必要性は、明らかです。
なぜなら、どんなにすばらしい想いがあったとしても、相手にその気持ちが伝わらなければ、なんの意味も持たないからです。
すばらしい想いは「見えない部分」にあります。

人は、
まず「見える部分」を見ます。
　「身」は、その場所に相応しい身だしなみであるかどうか

次に、「見えづらい部分」を見ます。
　「心」は、本当にその人は信用できる人なのかどうか

最後に、「見えない部分」を見ます。
　「芯」は、本気でやり遂げようとしている人なのかどうか

「ビジネスマナー」「ソーシャルマナー」「ヒューマンマナー」の融合が無ければ、人は相手を信用しません。
ですから三つが融合されたホスピタントマナーが必要なのです。

すばらしい想いは、その人の「身」と「心」と「芯」を見ればわかります。

現象は「見える部分」で、誰が見ても判ります。
具象は「見えずらい部分」ですが、相手のことをしっかり見ていると伝わってきます。
抽象は「見えない部分」で、その人の本気に触れないと見えません。

「役割」を果たし、「使命」を持って向き合い、「天命」として取り組む。
自分の気持ちを正しく相手に伝えるために、役に立つマナーです。
三つのマナーを融合させて活用しましょう。

あらゆる分野における接客・接遇のシーンで使える「ホスピタントマナー」は万能です。

●人格形成の発達と自分らしさ

参考：一般社団法人 日本資質表現教育協会

人は、自分自身を考えるとき、無意識のうちに養育してくれた人々の表情、言葉、行動によって評価されたことに影響されます。親と親的尊大の意に沿った判断をしながら、自分自身の価値や意識を創り出しています。この意識を自己意識といいます。

人は生まれるとすぐ親という他者と出会い、子は、親と子の関わり合いから、親にしっかりと認められる体験を得ます。他者に対する愛着と信頼を確かめ、他者に対する意識の原型を創ります。次に家族という組織の中で自分の存在を知り、他の家族や組織との違いを理解し、自分が還りつく枠組みである家庭という帰属社会を理解します。家庭、家族への帰属意識は、成長とともに社会や国家へと拡大されていきます。この二つを確認できると、その組織において自分のやるべき役割、組織の目的や自分の目的を理解でき、そして、その組織で自分自身の価値とすることをも理解していきます。この発達過程のモデルが「テント理論」です。

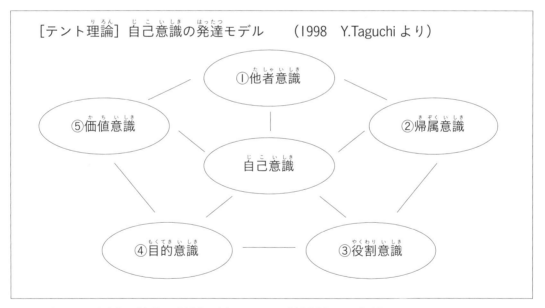

[テント理論] 自己意識の発達モデル　（1998　Y.Taguchi より）

①他者意識
⑤価値意識
②帰属意識
自己意識
④目的意識
③役割意識

これら五つの意識が相互に均衡を保つとき、健康的に、自分らしさがなんであるのかという自己意識を形成します。

自己意識の形成の要因は、その帰属する組織の養育環境にありますが、私たちが育ち、成長する過程には、家族社会だけではなく、学校社会、職場社会での育成環境が、重要な意味を持ちます。

❖ 相手に気持ちを伝えることもホスピタントマナー

自分の気持ち・想いを正しく相手に伝えることができれば、お互いが心地よく過ごすことができます。

「全然わかってくれない」と思うよりも前に、自分の行動を振り返ってみましょう。

きっと、相手と気持ちを共有できる方法が見つかるはずです。

●目からの情報

信頼関係を形成するためにはいくつかの技術がありますが、相手と信頼関係を築きたいと心から思っているときには、自然にそうなるべく行動していることは珍しくありません。

夫婦や恋人たちがまったく気づかないうちに似たような仕草をしていたり、仲間同士が共通の言葉を使ったりしているときなども、それにあたります。

このように、親しくなりたいという気持ちから自然に相手の言動を真似るというのは、"ミラーリング効果"と呼ばれます。「まるで鏡のように真似る」ということです。

つまり、相手との信頼関係を築きたいと心から熱望すれば、自然にそうなるともいえます。とはいえ、信頼関係が築かれていないのにも関わらず、相手が自分の真似をしてくることを心地よく感じるわけがありません。まずは、相手がどのようなことに興味があるのか、どんなものを好きなのか、よく見てみましょう。その「観察する」という行為自体が、ラポール形成の第一歩です。

●姿勢と表情

相手に一生懸命何かを伝えたいとき、自分でも気づかないうちに、前のめりになっていることに気づいたことはありませんか。そのとき、聞いている人が腕組みをしていたり、ふんぞり返ったりしていたら、「私の話をちゃんと聞いてもらえているのだろうか？」と、不安になるものです。

逆に、相手も自分以上に前のめりで聞いてくれたら、それだけで「話の内容を大事に思ってくれている」と感じます。

また、つらい体験を話すとき、おそらく相手は、眉間にしわを寄せながら話しているのではないでしょうか。そのとき、聞いている人の反応が無表情であったり、へらへらした態度であったりしたら、「私の気持ち、わかってもらえるのだろうか？」と、やはり不安になるでしょう。しかし自分と同じような表情で聞いてくれていたら、「私の気持ちに共感してくれている」と感じることでしょう。

ぜひ、人の話を聞いているときは、時々自分の姿を客観的にチェックしてみてください。

自分では意識していなくても、無表情に見えたり興味がないように見えてしまうかもしれません。自分では「大丈夫！」と思っていても、まったく当てにならないものです。

例えばミーティング中を例に考えてみましょう。
スタッフが一生懸命話している途中で、言葉に詰まる瞬間があったら、その原因の大半は聞き手側にあります。必死に話をするときは、心も体も相手に向き合っているし、表情も豊かになっています。それなのに、聞き手が横や下を向いていたり、能面のような顔だったりしたら、話し手が「話を聞いてくれない＝私を受け入れていない」と感じたとしても、仕方のないことです。そうなると、言葉が詰まったり、話す気力がなくなったり、話す内容を変えたり、短くするかもしれません。
人がスムーズに話ができるかどうかは、聞き手次第なのです。

●ノンバーバルコミュニケーション
話をしているときにジェスチャーが豊かな人がいます。それは無意識の内に、体全体や手の動きで話の内容を表現しようとしているのです。
そういう人と向かい合っているときは、自分もさりげなくボディランゲージを取り入れてみましょう。話すときだけではなく、うなずくときも体全体で相づちを打つ感じです。そうすると相手は、その反応に勇気づけられ、結果本音で話をしてくれます。
逆に気をつけるべきなのは、自分自身のジェスチャーが大ぶりな場合です。
椅子に座っている人にとっては、目の前の人の動きがオーバーアクションだと気になったり目障りだったりして、話に集中できないことがあります。圧迫感を感じて、気持ちが引いてしまうこともあります。夢中になって、熱心に話せば話すほど、ジェスチャーが大きくなっているかもしれません。ときには自分を客観視しましょう。

●笑顔・目線
いつも笑顔でいることやアイコンタクトは、相手を認めているというメッセージであり、ノンバーバルコミュニケーションの基本です。
しかし、それを避けなければならないときもあります。例えば、人が何かを思い出そうとしているときや何かを想像しようとしているときは、真顔になるし目線も泳ぎます。そういうときに見つめられると、なんだか急がされているようで落ち着かないものです。
そんなときは、笑顔ではなく、目線も相手が見ている方向に転じましょう。そうすれば、相手は焦らずゆっくりと思考することができるようになります。
またそうした安心感は、話の展開をとてもスムーズにしてくれる効果もあります。

●言葉づかい

使い慣れない敬語を無理に使おうとしても、急には使いこなせないものです。緊張してどもってしまったり、過剰な丁寧語になったりしたことがありませんか。

たどたどしい話し方をしていると、相手も不安に思ってしまいます。

敬語については、正しい敬語を身につけることが大切です。

間違えた敬語を使ったため、「自分を馬鹿にしているのか」と相手に激昂される可能性もあります。それだけ言葉づかいは大切だということを意識し、正しく「尊敬語」「謙譲語」「丁寧語」を使い分けましょう。

尊敬語
　　相手側または第三者の行為・ものごと・状態などについて、その人物を立てて述べるもの

【行為等（動詞、および動作性の名詞)】 いらっしゃる、おっしゃる、なさる、召し上がる、お使いになる、ご利用になる、読まれる、始められる、お導き、ご出席、（立てるべき人物からの）ご説明 【ものごと等（名詞)】 お名前、ご住所、（立てるべき人物からの）お手紙 【状態等（形容詞など)】 お忙しい、ご立派

謙譲語Ⅰ
　　自分側から相手側または第三者に向かう行為・ものごとなどについて、その向かう
　　先の人物を立てて述べるもの

伺う、申し上げる、お目に掛かる、差し上げる、お届けする、ご案内する （立てるべき人物からの）ご説明、お手紙

謙譲語Ⅱ（丁寧語）
　　自分側の行為・ものごとなどを、話や文章の相手に対して丁重に述べるもの

参る、申す、いたす、おる、拙著、小社

丁寧語
　　話や文章の相手に対して丁寧に述べるもの

です、ます

美化語
　　ものごとを、美化して述べるもの

お酒、お料理

出典：文部科学省ホームページ　（https://www.mext.go.jp/）

話をするときに大切なことは、相手と真摯に向き合うことです。相手に「ぜひ聞いて欲しい」と思いながら、話すことが大切です。

● 相手との距離感

親しげに話しかけても、相手がずっと堅苦しい話し方をしていたら、「水臭いなぁ」と、なんとなく距離感を感じるものです。逆にこちらは丁寧に話しているのに相手がカジュアルすぎると、「図々しい・なれなれしい」と、不快に思うことがあります。丁寧な言葉づかいは大事なエチケットですが、相手にマッチさせることも、ときには必要です。お客様との距離感に合った言葉づかいは、特に大切です。

ただし、会話の最初と最後は、本来の関係に準じた言葉づかいをしてください。

● お客様への話し方

高すぎる声は、相手の癇に障るなど嫌な気持ちにさせることがあります。逆に、低すぎる声は、相手に暗い印象を与えます。安心感を与えられる落ち着いた発声を心がけましょう。好感度の高い話し方のポイントは、語尾までしっかり発音することです。声だけではなく、発音も明瞭に、歯切れよくハキハキとした発音をします。冒頭はハキハキ話しているのに、語尾がぼそぼそと弱くなる人がいます。自信なさげな印象を与えてしまうので注意しましょう。

話すスピードにも注意が必要です。早口でまくしたてるのは、聞く人の都合を考えていない自分勝手な話し方ですし、逆にゆっくり過ぎたり、妙に間が空いて「あのぅ…」「えーと」が頻発すると聞き苦しく、考えがまとまっていないような印象を与えます。相手の表情に注意して、理解してもらえているかを確かめながら、話をすると良いでしょう。

● 耳からの情報

相手に合わせて言葉を選ぶことは、相手の世界を尊重していることであり、まさにラポールです。

できるだけ同じような言葉や表現を使ってみましょう。自分が得意でない感覚の言語は、最初は不自然に感じてしまうかもしれませんが、同じ言語を使うことは、相手の感覚を尊重することにつながります。

コミュニケーションは言葉のキャッチボール。
相槌を打つタイミング、相手からの返事が返ってくるタイミングをうまく図らないと、気持ちの良い会話は成立しません。

❖ ホスピタリティとサービス　そしてヒューマニティ

ホスピタリティ（hospitality）の語源は、ラテン語の「hospice」に由来し「客人の保護」と訳され、「心のこもったおもてなし」を行うことです。
サービス（service）の語源も、ラテン語で「servus」に由来する言葉で、「相手のために尽くす」というような意味を持っています。

お客様に喜んでいただくための言葉・行動であることは、どちらも変わりが無いように思えるかもしれませんが、違いを意識して行動して欲しいと思っています。

まず、お客様を迎え入れるうえで、最初に重要なことは「サービス」です。
サービスとは
"いつでも" "誰にでも" "一定の" ことを提供することです。
　例えば、ラーメン屋さんに行ったとき
　「きちんと決められたレシピで、適切な温度・適切な衛生管理がされた状態で、食べやすく美しく盛り付けられたラーメンをお客様に提供すること」
　これがサービスの基本です。

ホスピタリティとは、
"相手の立場に立った" "お客様によって異なる" "その人のために最善の" ことを提供することです。
　ラーメン屋さんであれば、
　小さなお子様には、食べやすいように取り分け用の器を用意してあげる。
　箸に慣れていなくて困った様子の外国人旅行者には、フォークを用意してあげる。
　というように、お客様の様子を見ながら対応することです。

ヒューマニティとは、
"人間性尊重精神" のことで、その人が「自分らしく過ごすこと」を第一に考えて行動することです。
　例えば
　自分らしさを大切にする
　他の環境（人・施設など）によって、影響されない
　などです。これは、QOL（Quality of Life）にもつながる考え方です。

● QOL の大切さ

「人生の質」とも訳される "Quality of Life" ですが、QOL は物質的なものだけに限らず、自分らしい生活を送り満足できる人生が歩めるかが大切です。
相手の人間性を尊重し、幸せな時間を提供することを考えることが、QOL であり、ヒューマニティ "人間性尊重精神" です。

「なんでも手伝ってあげれば良い」「この人にはできないからやってあげよう」という気持ちは、相手の人間性を尊重しているとはいえません。

【考えてみましょう】

あなたにとって、ヒューマニティ "人間性尊重精神" とは、どのような生き方だと感じますか。

....

....

....

....

● 接客において大切なこと

サービスの基本ができていなければ、ホスピタリティは存在しません。
まずは、それぞれの施設で決められていることをしっかり提供することが、守るべきサービスの基本です。

その基本を守ったうえで、お客様のために何かできることがないかと考えることがホスピタリティです。

そして、お客様が望んでいることを尊重し、最大限にお客様らしさを損なわないように行動することがヒューマニティです。

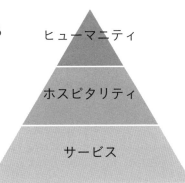

❖「同じおもてなし」ではお客様に満足してもらうことはできない

東京オリンピック・パラリンピックの誘致活動で使われた「お・も・て・な・し」という言葉もすっかり定着し、「SUSHI」「FUJIYAMA」同様に、いまや世界中で認知されている言葉の一つです。

●おもてなしの心

「おもてなし」が本当に意味する内容は、「幸せのお手伝いをすること」です。
幸せというのは、お客様が、
　　・その場所にいることが、
　　・そこで過ごす時間が、
自分にとって有意義だと感じることを指します。

提供する側は、お客様に「幸せな時間」と「幸せな空間」を提供することが使命です。
「接客」という目に見えない商品ですが、顧客満足を追求するためには、これまで以上の技術が求められています。

接客の現場の場合は、毎日チームのメンバーが入れ替わることがありますが、メンバーの目標は皆同じです。
最重要ミッションが「お客様の幸せ」であることに変わりはありません。

●「マニュアル化した対応」だけでは、お客様を満足させることはできない

「おもてなし」というと、特別なことをしてお客様に喜んでいただくイメージがありますが、けっしてそうではありません。

お客様の目的は、それぞれ異なります。
　　・おいしい料理を食べたい
　　・家族の記念日を祝いたい
　　・プロポーズをしたい
　　・家族でゆっくり過ごしたい
　　・観光地を楽しみたい
など、様々な目的を持ったお客様がいますので、まずは基本の知識を身につける必要があります。

【考えてみましょう】
あなたが有名観光地に行くときは、どんな目的があるでしょうか。

....

....

....

お客様の数だけ目的が異なるのと同様に、お客様の数だけ「おもてなしの形」がある
ことを覚えておきましょう。

お越しになったお客様の目的が同じであっても、
　・小さなお子様がいるお客様
　・妊娠中のお客様
　・耳が聞こえないお客様、目が見えないお客様
　・アレルギーや宗教的理由、健康上の理由で食べられない食品があるお客様
　・車椅子のお客様や、足や手が不自由なお客様
などに対して、同じおもてなしをすれば良いわけではありません。

それぞれのお客様に、必要なおもてなしは異なるのです。

例えば、
　・小さなお子様がいるお客様には、小さな取り皿を用意する
　・妊娠中のお客様には、背もたれ用にクッションを用意したり、ひざ掛けを用意する
という相手の立場に立って考えたおもてなしが必要なのです。

お客様の要望を、「考え」「気づき」「実現する」ことがとても大切です。
「お客様一人ひとりに合った、包み込むようなおもてなし」を常に考えることが大事
なのです。

❖ やさしい想像力　やさしい空気

お客様が何も言わない状態を、「お客様は満足している」と単純に思うことは、間違いです。

不満・不足があっても、何も言わないお客様もいらっしゃいます。

お客様は何も言わないまま、不自由な状態で過ごしているかもしれません。お客様の言葉、動作、表情から、お客様の気持ちを想像すること、それが「やさしい想像力」です。

やさしい想像力とは、「察する」ことです。

では、「察する」ために大切なこととはどんなことでしょうか。

【考えてみましょう】

レストランに来たお客様がメニューを見ながら、周りを見渡しています。

このお客様は、どんなことを考えているでしょうか。

....

....

このお客様は、「注文が決まったので、スタッフを呼びたい」のかもしれません。

または、「他のお客様がどんな料理を食べているのか気になって見ている」のかもしれません。

接客するうえで大切なことは、お客様の要望を察し、その要望に合ったサービスを提供することです。

「注文が決まった」ようなお客様には、
笑顔で「お決まりになりましたか？」と声をかけましょう。

「どんな料理があるか気になっている」ようなお客様には、
今日のお薦めメニューの看板を持っていくと喜ばれるでしょう。

「何かを探している」様子のお客様には、
「何かお手伝いをしましょうか？」と声をかけましょう。

声をかけるという行動は、「私は、あなたが何かを探している（困っている）ことを察していますよ」という表現の一つです。

"誰かが、自分のこと（様子）を気にかけてくれている"ということを知ったお客様は、そこがとても居心地が良く、安心できる場所だと感じます。

常にお客様の様子を見て、お客様の立場になって考えることを習慣にしましょう。

●やさしい空気をまとう
もう一つ大切なことは、「この人なら大丈夫だ」「相談してみよう」とお客様に思わせる「やさしい空気をまとう」ことです。
ホテルには、よくお客様に話しかけられるスタッフがいます。
実はそのスタッフは、お客様に「依頼してみよう」と思わせる「やさしい空気」をまとっているのです。
やさしい空気をまとったスタッフには、頼みたくなる雰囲気があるのです。

お店などに行ったときに、スタッフの様子を一度見まわしてください。
一流のお店には、必ず「やさしい空気」をまとったスタッフがいるはずです。

●やさしい空気とは、心だけではない
身だしなみや言葉づかいにも、やさしい空気はあります。
接客・接遇の仕事では、制服が支給されている現場が多いのは、「空気をまとうため」という意味もあります。
その空間に合う制服というのは、やさしい空気をまとうファクターの一つです。
制服を正しく着こなすことで、「やさしい空気」をまとうことができるのであれば、とても簡単なことだと思いませんか？
制服を正しく着こなすことは、「決まり」ではなく、お客様に安心していただき、信頼していただくために必要な「技術」なのです。

そして、どんなに忙しい状況であっても、必ず一日に何回か鏡を見ることを心がけてください。
　　・制服を正しく着こなせているか
　　・お客様を接客するうえで相応しい表情か
と、鏡の中の自分に必ず聞くのです。

そうすると、自然とやさしい空気をまとえるようになります。

あなたが、周りの人に相談されることが多いのであれば、あなたは既に「やさしい空気」をまとった素敵な人だということです。

❖ 平等と公平は、同じではない

平等と公平について、みなさんは、どのように説明しますか？

【考えてみましょう】
「平等」と「公平」について具体的な例を用いて、説明してみましょう。

．．．

．．．

．．．

．．．

平等とは、偏りや差別がなく、全員が等しいこと、等しく扱われることを意味する言葉です。
公平とは、全てのものを同じように扱うこと、特定の人をえこひいきしないこと、判断や行動が偏っていないことを意味する言葉です。

二つの言葉は、非常に意味が似ている言葉ですが、接客・接遇の現場では、「公平」であるべきです。
平等であることは、大切なことです。
ですが、おもてなしの現場では、その人にとって大切なことを添えて行動することが求められます。それが「公平」です。

もちろん、偏りや差別があってはいけません。全員を等しく扱うことは、当然です。
しかし、小さなお子様連れのお客様に、お子様用に取り分ける器を用意してあげることは、決して差別ではありません。
立って見ることができない人に、座ったままでも見ることができる席を用意することも、えこひいきではありません。
なぜなら、様々な施設を利用する人が、等しくその施設を楽しむために必要な対応だからです。

●お客様に必要なこととは
「お客様に合わせて対応すべき」といっても、文句をいうお客様、またはクレーマーを優遇してはいけません。

ただし、特別なケースがあります。
それは、文句をいうお客様がいることによって、周りのお客様が不愉快な気持ちになってしまう可能性がある場合などです。お客様だからといって、他のお客様を不愉快な気持ちにして良いはずがありません。そのような場合は、特別な対応は必要になるでしょう。

でも、それも「優遇・偏り」ではなく、全体を見渡した中で、全ての人たちが心地良い時間を過ごすための判断であるべきです。
「お客様は神様」ではありません。
お客様の節度を越えた行動・言動には、施設として正しく対応してください。
「周りの状況に合わせて、相応しい立ち居振る舞いをしてくれる人」こそが、本当に大切にしなくてはいけないお客様像です。

●等しく楽しむために
明るい場所から、急に暗い場所に移動したとき、一瞬視界が悪くなることはありませんか？
これは、「暗順応」といわれる目の働きの一つです。
時間が経てば、通常の視界を取り戻します。
ですが、障害や加齢により、視界を取り戻すことができなかったり、取り戻すために時間がかかる場合があります。
このような場合は、できるだけ照度の差がない光度にしたり、目に優しい照明を使うなどして、防いでいくことができます。このように"施設内の照明"の例を考えても、様々なお客様が等しく楽しんでいただけるような工夫は必要なのです。

ベビーカーが通れるような幅は確保されているでしょうか。
小さな段差がある場合、スタッフは必ずお客様に声をかけているでしょうか。
夜景が人気の施設の場合、車いすのお客様でも夜景が見えるような配慮はされているでしょうか。

様々な立場・環境から、公平な視点で、施設を見直してみましょう。
早い者勝ち、言ったもの勝ちの社会は、無くしていきたいものです。

❖ 無くなる仕事　変わる仕事

時代に合わせて職業・職種が変わってきました。

例えば、「ウエディングプランナー／ブライダルコーディネーター」という仕事は、昔は「宴会承り係」と呼ばれた時代もありました。

現在のウエディングプランナー、ブライダルコーディネーターは、結婚式を挙げるカップルの気持ちに寄り添い、二人ならではの結婚式を創り上げるお手伝いをするクリエーターの一人です。

職業の役割も変わり、内容も変わり続けているのです。

IT化はますます進んでいき、"利用した人"も"利用していない人"も、"良い評判"も"悪い評判"も一瞬で調べることができる時代です。

自分が求める良いクリエーターを探すことも、どこにいても可能になりました。

ですが、インターネットで探せても、分からない情報があります。

それは"良いクリエーター"が、"あなた（自分）に合うクリエーター"かどうかという点です。実は実際に会ってみないと分からないことは、想像よりも多いのです。

工場では、精密機器の組み立てをロボットが行い、インフォメーションでは、ヒト型ロボットが館内案内をしてくれます。ファミリーレストランでは、ロボットが席まで料理を運んでくれます。

ですが、「人の代わり」を全て「AIができる」わけではありません。

これからは、「人でなくてはできない仕事」ができるようにならなくてはいけません。

それぞれの現場において、「AIではできなくて、人にしかできないこと」を考えてみましょう。

そして、

「人にできることで、私（自分）ならもっとできること」を考えてみましょう。

【考えてみましょう】

「人でなくてはできない仕事」とはどんな職業があるでしょうか。

．．

．．

● AIが得意なことと苦手なこと
・美術館に行きたい
・一番近いお寿司屋さんに行きたい
・野球観戦のチケットを取りたい
このような「目的が決まっているリクエスト」は、AIは人よりも早く正しい情報を提供できる内容の一つです。

・今日のランチ、何を食べたらいい？
・この時期お薦めのお土産はどれ？
・近くで、何か楽しめる場所はどこ？
このように「目的が決まっていないリクエスト」は、AIにはまだ難しい分野の一つでしょう。AIができないわけではありませんが、現時点として、人のほうが早く正しい情報を見つけられる内容です。

●仕事との関係
もし自分の仕事を「誰でもできる仕事」と思っているのであれば、いつか「誰か」または「AI」があなたの仕事をしているかもしれません。

人には、AIに真似できない魅力がたくさんあります。
それはまさしく「接客・接遇の仕事の魅力の一つ」ともいえることです。
お客様は、「その人が作る味を楽しむ」「その人に会う」ことを“価値の一つ”と考えているからです。

例えば、大手チェーンのレストランには、「どこに行っても、同じ味」「いつ選んでも失敗しない」というメリットがありますが、「そこに行かないと食べられない」という特別感は得られません。
しかし、その大手チェーンのレストランに、接客・接遇がすばらしいスタッフが揃っていたら、「どこに行っても同じ」ではなくなります。
接客・接遇がすばらしいスタッフ（あなた）とは、AIにも、他の人にも真似することができない特別なことなのです。

あなただけの価値は、
「誰かからの指示」で動くことではなく、「自分で考える」ことです。
相手の立場になって、自分で考えることが、あなただけの価値なのです。

❖ 感情を共有してみよう

お客様に分かりやすく伝えるということは、接客業では大切な技術の一つです。
そのために「語彙力」を鍛えておきましょう。
語彙力とは、
・どれだけ多くの単語の知識を持っているか
・どれだけ相応しい表現を使えるのか
という能力のことです。友達同士であれば、あまり気にしなくても良いかもしれませんが相手が、先輩や上司・取引先・お客様に対する場合は、言葉づかいは重要です。
言葉を知らないことによって、恥をかいたり、人からの評価が下がってしまうこともあるので気をつけましょう。

●「伝える力」と「聞き取る力」
語彙力が高い人は、「伝える力が高い」ともいえます。
つまり、「様々な現象を自分らしい言葉で言い換えることができる」ということです。
現象の一つとして「感情」があります。この「感情」を自分らしい言葉に変換することで相手に正しく伝えることができます。
一方、お客様は、気持ちをうまく伝えることができない可能性があります。
海外からのお客様であれば、なおさらでしょう。
なので、相手が何を伝えようとしているか、何を希望しているかをきちんと「聞き取る力」が必要です。

●前向き＝ポジティブ　後ろ向き＝ネガティブ
ポジティブとネガティブは、真逆の関係ではなく、つながっている感情です。
例えば、誕生日に好きな人からプレゼントをもらったら、「サプライズ・喜び」の感情が溢れます。ですが、まったく知らない人からいきなりプレゼントをもらったら「恐怖・疑惑」の感情になるかもしれません。しかも、元々自分がずっと欲しいと思っていた物だったり、友達と欲しいものについて話をしていた後だったら……怖い！
ストーカーかも！と思ってしまうかもしれません。

このように「プレゼントをもらう」という行動も、プラスの効果（ポジティブ）とマイナスの効果（ネガティブ）を生みだしてしまうのです。
正しく自分の気持ちを伝えるためには、感情を理解し、相手に喜んでもらうような言葉を添えるべきです。
相手に自分の気持ちや行動を伝えるためには、「言葉」というのは大切なのです。

【考えてみましょう】
ポジティブな感情と、ネガティブな感情とは、どのようなものがありますか

……………………………………　　……………………………………

……………………………………　　……………………………………

……………………………………　　……………………………………

……………………………………　　……………………………………

……………………………………　　……………………………………

●ネガティブワードをポジティブワードに換える
ある日、お客様から「駅から遠いんですよね」と言われました。これを変換してみましょう。

まずは、お客様が言った言葉。「駅から遠いんですよね」
これは、ポジティブワードでしょうか。ネガティブワードでしょうか。どちらかというとネガティブワードですね。

「駅から遠いんですよね」と言われた場合、この言葉に対しては、まず「そうですね」と答えることがベストだと思います。
ここで「申し訳ございません」という答えは、必要ありません。
なぜなら、あなたは悪いことをしていないからです。
これは、立地的な問題ですし、誰かが変えることもできないし、努力しても変えられそうもないことですよね。なので、この場合、謝ることは不必要なのです。
相手に合わせて「そうでございましたか」「そうでしたか」などの言い換えも、大切なポイントです。

でも「そうですね」と答えただけでは会話が終了してしまいます。では、どのように続けていけば良いのでしょう。

❖ ネガティブな感情とポジティブな感情の比較

ネガティブワードは、相手の「不安・不快・心配」という気持ちの表れです。
ですから、ネガティブな感情を、ポジティブに変換することで、相手の「不安・不快・心配」を解消しましょう。

表現次第で、プラスの表現も、マイナスの表現もできます。

例えば、
　「細かい」→「よく気がつく」
　「強引」→「リーダーシップがある」
　「騒がしい」→「活気がある」
　「理解しにくい」→「独創的・個性的」
　「理屈っぽい」→「理論的」
というように、表現を変えるだけで、聞いた側の印象も変わります。

伝えたい内容と、その想いを正しく相手に伝えることは、とても大切なことです。
良好な関係性を築くことにつながりますので、表現力＝語彙力を磨きましょう。

【考えてみましょう】 ネガティブワードをポジティブな表現に変えてみましょう	
しつこい	
いい加減	
計画性がない	
短絡的	
プライドが高い	
古い	
安い	
八方美人	
消極的	
反抗的	

●共有と同感
最大の重要ポイントは、「共有と同感は違う」ということを正しく知ることです。
　「共有」とは、相手の考えていることを理解し、尊重した態度のことです。
　「同感」とは、自分も同じ気持ちだということを伝える態度のことです。

なので、「問題を共有する」ことと「問題に同感する」ことは、違います。

問題を共有している場合は、問題を理解したうえで、別な解決策を提案することができます。相手の問題を共有することは、相手の意見を尊重している証明になり、「そのうえで」という気持ちで、問題解決の手助けをする意思があることを伝えることができるからです。

問題に同感している場合は、解決策を提案しにくくなります。
なぜなら「私もそう思う」と意思表示をしてしまっているからです。なので、同感してしまっている場合は、問題解決へと向かいにくくなってしまいます。

上手な問題解決は、お客様にとってもメリットのあることですし、施設側にとっても大きな価値を生みます。

上手な問題解決のポイントとして、
　①相手の言うことを否定しない
　②相手の悩みを共有する
　③新しい解決策を提案する
この三つを意識しながら会話を行ってみましょう。
相手の言いたいことが、もっと理解できるようになったり、相手と一緒に問題解決に向けて進んでいけるのではないでしょうか。

ネガティブな言葉は、攻撃的な意思・否定的な意思ととられがちですが、「今、問題を抱えているかもしれない」「不安・不快・心配を感じている状況なのかもしれない」と、相手の気持ちを理解・想像するきっかけになります。
そうすることで、相手の意図が見えてきて、次にどのように対応をすべきかも見えてくるはずです。

上手な問題解決のきっかけを見逃さないようにしましょう。

例で具体的に考えてみましょう。
お客様から「駅から遠いんですよね」と言われたとき、

【共有】

> そうですね。駅から少し距離を感じるかもしれませんね。

まずは否定をしないことによって、「あなたの気持ちを分かっていますよ」という点が伝わります。
否定をせず、別な提案をすることで、「あっ、これって問題じゃないかもしれない」と、相手に気づきのきっかけを伝えます。

> 「共有」
> そうですね。駅から少し距離を感じるかもしれませんね。
> ただ、駅から地下通路でつながっているので、
> 雨の日や暑い日など喜ばれているんですよ。

このように一言、付け加えるだけで、お客様の「不安・心配」を少し解消できます。
ポジティブワードに変換しやすい。これが、「共有の会話」の特徴です。

【同感】

> そうなんです。駅から距離があると他のお客様にも言われるのです。

相手の意見に同感しているので、お客様は「自分の言っていることは正しい」という自信のような感情を持ちます。
なので、その後に続ける言葉が、言い訳のようなニュアンスを残してしまうのが、「同感の会話」の特徴です。

> 「同感」
> そうなんです。駅から距離があると他のお客様にも言われるのです。
> でも、駅から歩ける距離ですから、大丈夫ですよ。

同感したことを否定しないように気をつけながら会話を続けていくと、どうしてもポジティブワードに変換しにくい言葉選びとなってしまうことが多いからです。

> Ａさん）そうですね。駅から少し距離を感じるかもしれませんね。
> ただ、駅から地下通路でつながっているので、雨の日や暑い日など、天気を
> 気にしなくて良いと言われて、喜ばれているんですよ。
> ぜひ、帰りに、地下通路を通って帰ってみてくださいね。

と言われたときと、

> Ｂさん）そうですね。駅から少し距離を感じるかもしれませんね。
> でも、駅から歩ける距離ですから、大丈夫です。だいたい15分ぐらいなので、
> 皆さん歩いていらっしゃいますよ。

と言われたとき、どうでしょうか。

ＡさんとＢさん、どちらの説明が、納得感が高まりますか？

Ａさんに接客されたお客様は、
帰りは、地下通路を通って、「メリット」を探しながら帰るでしょう。
途中に、ちょっと可愛いお店を見つけたら、さらにメリット感はアップするかもしれ
ません。

Ｂさんに接客されたお客様は、
帰りは、時間を計りながら帰るでしょう。
説明された通り、15分ぐらいであったとしても、時間を気にしながら歩いたことで
「疲れた」と感じるかもしれません。15分を１分でも過ぎたら、「やっぱり遠い！」と
思ってしまうかもしれません。

接客・接遇の場面では、相手に幸せな時間と空間を提供することが使命です。

同じ内容を説明するのであれば、相手が「メリットがある」または「問題が解決し
た」と納得感のある会話を行うことが、大事なのです。

●ポジティブワードの会話

> ホテルのレストランに常連のお客様が来ました。あいにく、今は満席。お客様は、大切な接待のご様子で、断られそうな雰囲気に少し苛立っているようです。

どうでしょうか。あなたなら、お客様に待っていてもらうために、どのような会話をしますか？

あなたがお客様の立場だった場合、

『申し訳ございません。あいにく今は満席なので、よろしければお席が空くまで、最上階のラウンジにご案内させていただきたいのですが、いかがでしょうか？席が空きましたら、すぐに○○様をお迎えに伺います』

と言われたらどうでしょうか。

問題解決のためのポイントは、
一つめは「今は、満席」である状況を共有すること
二つめは「最上階のラウンジ」というメリットのある提案をすること
三つめは「○○様」と名前を呼ぶことで、その人の状況に合わせた特別な対応であることを感じさせること

このように、問題を共有したうえで、解決策を提案することができると、お客様も理解し、納得しやすくなります。

【考えてみましょう】＊ホテルのフロント編
予約をしたお客様が来ました。夜景が見える側の客室を予約してあると言うのですが、案内する客室からは夜景が見えません。予約するときに、お客様が伝え忘れたようです。
どのような会話をしますか？

....

....

....

今回のポイントは、問題を共有したうえで、「お客様の予約ミスであっても、責めない」「客室の良いところを伝えメリットを感じさせる」という部分が問題解決のコツになるでしょう。どのような場合であっても、お客様ファーストで考え、ヒューマニティ "人間性尊重精神" を持って対応することが求めらます。

●共有ワード
問題を共有するといっても、「はいはい、わかりましたよ」という対応では、相手は「問題を共有してもらえている」と感じません。

共有するためには、
「相手の言葉を繰り返す」「相手の言葉を肯定する」「相手の気持ちを理解する」
ことを日々実践していくことです。

だからといって、同じ言葉ばかりを繰り返すと、「本当に分かっているの？」と相手に思わせてしまうので、共有ワードのバリエーションが必要です。
相手との会話を盛り上げていきたい、もっと話したいと思っていても、なんだか中途半端に会話が途切れてしまうことはありませんか？
もしかすると「この人は、本当に興味があって会話をしているのだろうか」と相手が感じている瞬間かもしれません。

相手ともっと話をしたい！ その気持ちを表したい！ という気持ちを言葉にのせて会話をすると、次第に信頼できる相手だと感じてもらうことができるでしょう。

会話のコツは、「同意」「同情」「驚き」「疑問」「転換」の五つの視点を持つことです。
その視点も持つと、
　　・「同意」「同情」自分も相手と同じような気持ちになれる。
　　・「驚き」「疑問」自分が気づかなかった視点・行動に興味を持てるようになる。
　　・「転換」他の事例や別な人の話など加え、会話を発展させることができる。
と、会話はどんどん広がりを持っていきます。

聞き上手な人は、このようなコツを自然に使っているのかもしれません。

●やってみましょう

「同意」「同情」「驚き」「疑問」「転換」の五つの視点は、会話の内容によって適切に使っていくことです。

例：昨日食べたディナー、とてもおいしかった

「同意」そうでしたか。お口に合ってよかったです。

「驚き」本当ですか！ とても嬉しいです。

「疑問」召し上がった中で、どのメニューが一番気に入りましたか？

「転換」来週、新作メニューになるので、ぜひそちらも召し上がってください。

例：ここに来る前にショッピングをしてきたのだけど、途中で雨が降ってきて大変だったわ……

「同意」そうでしたか。急な雨は困りますよね。

「同情」ひどい雨でしたよね。荷物があるときは、本当にお困りでしたでしょう。

「驚き」天気予報では、雨だなんて言ってなかったですよね。

「転換」最近、天気が急に変わりますね。昨日は暑かったですし。

言葉で表現するには、自分なりのバリエーションを用意しておきましょう。

同じ言葉であっても、年齢・立場・状況によって、相応しい言葉は異なります。ワンパターンの会話にならないよう、語彙力を磨いていきましょう。

【同意】	なるほど　／　さすがですね　／　そのとおりです
【同情】	それはひどいですね　／　とても残念です　／　本当に大変でしたね
【驚き】	すごい！　／　まさか！　／　そんな！
【疑問】	それで？　／　どうして？　／　いつごろ？
【転換】	ところで　／　そういえば　／　いま思い出したけれど

【考えてみましょう】
話を弾ませる五つのポイントを使ってみましょう

① 来る途中、ずっと渋滞していて、いつもよりずいぶん時間がかかってしまったので、とても疲れてしまったよ

同意	
同情	
驚き	
疑問	
転換	

② この前、娘のピアノ発表会があったんですけど、ずいぶん大きくなったなぁと、感動してしまったわ

同意	
同情	
驚き	
疑問	
転換	

接遇介助士ホスピタントの教科書

❖ お客様の要望を知るために

お客様から、「○○をしてもらえますか？」と声をかけてもらえれば、お客様の要望は簡単に判ることでしょう。

では、何も言わないお客様の場合は、どうすれば良いのでしょう。

まずは、以下のことを実践してみてください。

①お客様には、常に笑顔で接する

　笑顔のスタッフには、誰もが話しかけたくなり、そのスタッフに相談してみようという気持ちになります。笑顔は、心からの笑顔であるべきです。表面だけの笑顔というのは、お客様は敏感に感じ取ります。そんな表面だけ笑顔のスタッフは、お客様からの信頼を得られません。

　常に笑顔でいられるように、心がけましょう。

②感謝の気持ちを持つ

　来てくださったことへ、まず感謝をしましょう。お客様は、どんな時間を過ごしたいか、どんなことをしたいかを考え、そして探し、選んで今日、いまあなたの前に来てくださっているのです。

　心からの感謝の気持ちを持ちましょう。

③心のこもった挨拶をする

　挨拶も心がこもっていなければ、意味がありません。「雨の中、ようこそお越しくださりありがとうございます」「お楽しみいただけましたか」など、その場・そのお客様に相応しい挨拶を心を込めて行いましょう。注意すべきことは、身だしなみです。頭髪・服装・アクセサリー・化粧・笑顔・表情など。

　常に鏡を見て確認しましょう。

④目で伝える

　普段の生活でも、相手の目を見ずに話すことは嫌われます。

　どれだけすばらしい接客でも、お客様の目を見て行わなければ、こちらの気持ちは伝わりません。

　目で、「おもてなししたい」という気持ちをお客様に伝えましょう。

　　　＊「アイコンタクト」文字どおり、目で気持ちを伝えます。
　　　　相手の目を見る時間は、2秒ぐらいが適当とされます。
　　　　それ以下だと短すぎてお客様に伝わりにくく、それ以上だとお客様は居心地が悪いと感じるようになります。

⑤お名前でお呼びする

　普段の生活の中でも、自分の名前を添えて呼ばれるのは気持ちが良いものです。きちんと対応してもらえている気分になります。

　お客様に対しても、同じようにお名前を呼びながら接客しましょう。

　「自分のことをちゃんとわかって、心からもてなしをしてくれている」という気持ちにつながります。

　　　＊お名前を呼ばれることを嫌うお客様もいらっしゃいます。

　　　　言葉・表情・動作から、お客様の要望を想像し臨機応変に対応しましょう。

お客様からの要望を知るためには、こちらからすすんで会話を進めることに大きな意味があります。まず、一言声をかけることから始めます。

例えば、

「○○様、いらっしゃいませ。今日は蒸し暑いですね」と声をかけたとき、「そうね。汗かいちゃって」という言葉が返ってくるかもしれません。その言葉を聞いたスタッフは冷房をその場で強めたり、あるいは冷たい水や飲み物を持ってきてお客様にお出しすることができます。

すると、お客様は「細かいところにまで気くばりができるスタッフ」と、喜んでくださるでしょう。

お客様のお名前を言い添えることで、おもてなしの場面も広がっていきます。

お客様を、「自分の家族や大切な人」と考えると、おのずから気づくようなことばかりです。けっして難しいことではないのです。

常に「やさしい想像力」の視点を持ち、行動すれば良いのです。

「やさしい想像力」を日ごろから意識するようにしましょう。

ただし、なれなれしい態度はいけません。あくまでもお客様とスタッフとの関係です。きちんと相手の尊厳を大切にした距離を保つことが必要です。「親しき中にも礼儀あり」です。

「やさしい想像力」を実践することは、お客様からの高評価につながったり、リピーターが増えるきっかけとなり、結果的には売り上げにもつながってきます。

「やさしい想像力」は、宣伝にお金をかけたり、大がかりな設備を設ける必要はないのです。

❖ 心に響くおもてなし

接遇介助士ホスピタントは、相手の立場になって行動することが一番大切です。
「お客様に言われたことをする（提供する）ために行動する」ことだけでなく、「お客様により満足していただくために行動すること」が仕事です。
そのために、お客様とのコミュニケーションは重要な糸口の一つになります。
コミュニケーションのきっかけは、難しい内容ではなく、お客様とのなにげない会話の中にあります。

◇その日の天気

　　（スタッフ）今日は良いお天気ですね

◇翌日の天気予報

　　（スタッフ）明日は晴れるようなので、観光日和ですね

◇交通情報

　　（スタッフ）お越しになる途中、渋滞などございませんでしたか

◇近隣の観光スポットやお勧め情報

　　（スタッフ）近くの公園の紅葉が色づいてとてもきれいですから、お時間があっ
　　　　　　　　たらぜひ立ち寄ってみてください

◇季節の食材・郷土料理

　　（スタッフ）今日は、この近くで採れた山菜が入りましたよ

◇趣味や出身地

　　（スタッフ）今日は、どちらからお越しですか

【考えてみましょう】
「○○様、いらっしゃいませ。今日はご家族みなさま、ご一緒なんですね」とお客様にお声をかけたとき、
「そうなのよ。娘が結婚することが急に決まって、久しぶりに集まったのよ」という言葉が返ってきました。
この言葉を聞いたスタッフは、どんなことをするとお客様に喜ばれるでしょうか。

....

....

お客様とのコミュニケーションによって「家族が久しぶりに集まった」「お嬢様が結婚する大切なお食事会である」という、貴重な情報を得ることができました。予約時点では分からなかった情報です。

このようにお客様とのなにげない会話の中に、実は大切な情報が潜んでいます。

心に響くおもてなしができるかどうかの分かれ目です。

あなたなら、お客様により満足していただくために、どんな行動をしますか。

●お客様が利用するのは、非日常を提供する場所

お客様は、日常から切り離された「心地良い時間」と「空間を味わう」ためにお越しになります。

そのためには、料理がおいしいこと、商品がきれいに陳列されていること、サービスが行き届いていることはもちろんですが、同じくらい重要なのが「清潔であること」「掃除が行き届いていること」です。

床が汚れていたり棚にホコリがたまっていたりトイレが不衛生だったら、お客様は「二度と来たくない」と思われるでしょう。

清掃を専門業者に委託することもあるかもしれませんが、最終チェックはそこで働くスタッフが行うべきです。掃除が行き届いているかどうか、全スタッフが意識を向けることは、自分が働く施設を隅々まで理解することにもつながります。

誰かがいつの間にかやってくれているものではなく、当事者意識を持つことです。

また、施設内をいくらきれいにしても、入口に続く通路が汚ければお客様は嫌な気分になります。施設の掃除だけで終わらせず、時折外の様子もチェックしましょう。風の強い日には落ち葉が吹き溜まったり、看板が倒れたり、物が飛んでくることもあるからです。

施設の周りの清掃にまで気を配れることが、一流である証です。

お客様にとって、望むものが手に入ったり、美味しいものを食べたりすることは、当たり前のことでしかありません。

より満足していただくためには、「清潔・安全であること」や、「スタッフのなにげない行動」によって、心に響く接客ができることを意識しておきましょう。

◈ 心に響く表現

初めてお越しになったお客様であっても、会話が楽しく続き、立場を超えて「阿吽」の呼吸で分かり合えることがあります。

逆に、毎日会っている人であっても、会話が長く続かず、自分の意思や相手の真意がなかなか伝わらない場合もあります。

そういう場合「話が合わない」とか「相性が悪い」とか思いがちですが、合わないのは人間性の問題ではなく「表現の仕方」なのです。

何かを伝えようとするとき、伝えたい内容は同じでも、表現する言葉が同じとは限りません。

日本語ですからもちろん意味は伝わりますが、微妙なニュアンスまで伝わっているかというと、かなり疑問です。なぜならば、人によって心に響く言葉が違うからです。「心に響く言葉」というのは、話す人によって変わります。話す人の感情によっても変わります。

同様に、聞く人のそのときの状況によっても違うので、どの表現が自分や相手に合うのかを考えることは大切なのです。心に響く言葉というのは、いつも同じではないからです。

以下の例で考えてみましょう。

例１：すごくショックだったと、訴えようとします。
　　　Ａさん：「目の前が真っ暗になりました」
　　　Ｂさん：「心が砕け散るように崩れていくようでした」
　　　Ｃさん：「胸が痛くなりました」

例２：相手に、二つの「緑色」の違いを説明しようとします。
　　　Ａさん：「黄味がかった緑と、青味がかった緑」
　　　Ｂさん：「明度や彩度、色の配合具合などを数値で説明」
　　　Ｃさん：「暖かい感じの緑と、涼しい感じの緑」

いずれの例も、相手に気持ちや状況を伝えようと努力しています。

ですが、相手が正しく受け取っていなければ、「伝わらない」どころか、「感じが悪い」と思われてしまう危険性があります。

逆に、相手が何かを伝えようとしている場合には、まずはその言葉を真摯に受けとめ、相手の表現の意味するところを理解する努力が必要です。

●後ろ姿も心に響く

接客に携わる人、またはビジネスマナーを学んだ人なら、一度は聞いたことがあるでしょう。

「お客様の姿が見えなくなるまで、見送りなさい」と。

ふと振り返ったときに、見送ってもらえていることに気づいた瞬間、心が温かくなる経験をしたことがありませんか。

そうです。見送ってもらった相手の心に、あなたの想いは響いているのです。

と同時に、今あなたの目の前にいる相手も、あなたが見送っている姿を見て、同様に心に響いているのです。

「私も、あんな風に見送ってもらえるのだ」と。

つまり、お客様の姿が見えなくなるまでしっかり見送るという行動は、二組のお客様の心を同時に響かせる力があるのです。

とても忙しいときには、すぐに次の接客（行動）に移りたくなるのは、分かります。

走って、次の接客（行動）に移りたくなるぐらい忙しくても、数秒だけで良いので、しっかりお見送りをしましょう。

そのたった数秒だけで、次のお客様との信頼関係を築くことができるのです。

お客様は、あなたを見ています。

いえ、「観ている」のです。

正面からだとバレてしまうので、ジロジロと観ることはしませんが、しかし「後ろからなら」と、お客様はあなたをじっくり観察しているのです。

帰るお客様に対して、礼儀を尽くさないスタッフを見たあなたは、そのスタッフを信用しなくなるのではないでしょうか。その感情と同じです。

仕事のできるフライトアテンダントは、座席の上から見えるお客様の後頭部を観ただけで、様々なことを察するそうです。それほど、後ろ姿は多くを語るのです。

後ろ姿も、心に響くものなのです。

❖ メリットの無いトラブル

じっくりと予約の内容を確認してみると、まだ到着していないお客様の要望が見えてきます。

ですが近年、予約時の確認不足によるトラブルは増えているといいます。
このようなトラブルは、「ミスがあったために発生した」ものではなく、「好意で行ったことが、実はお客様の要望とは合わなかった」ために起きています。

宿泊施設の例ですが、予約が入った際、「高齢者のお客様の予約だから、きっと布団がいいだろう」と考え、和室をアサインしたところ、到着したお客様が部屋に入るなり、「和室ではなく、洋室に変更してくれ」と、急な客室変更に対応しなくてはいけないということが起きました。
無事に客室を変更することができたため、トラブルにはなりませんでしたが、スタッフには、「好意で行ったことなのにトラブルになってしまった」という記憶が残り、「次回からは、言われたことだけをやろう」という消極的な気持ちにつながります。

上記の例は、高齢者のお客様のニーズや希望、身体的特徴についての知識があれば、十分に防げたことです。

お客様にとっても、スタッフにとっても「メリットの無いトラブル」は、減らしましょう。
トラブルを減らすためには、お客様のことを知ることが必要なのです。

【考えてみましょう】
予約を受けるときに、お客様に確認しておいたほうが良いことはどんなことでしょうか。

....

....

....

....

●イレギュラー対応ではなく、個性に対して必要な対応

予約を受けるときに「リクエストがあればご記入ください」という項目がありますが、みなさんはこの項目に記入したことはあるでしょうか。

「プロポーズなので、特別な演出をして欲しい」「接待なので、個室にして欲しい」といった状況についてのリクエストや、「喫煙室にして欲しい」「夜景がきれいに見える席にして欲しい」といった場所についてのリクエスト、「アレルギーがあるので、卵を使っていない料理にして欲しい」といった安全面でのリクエストなど、種類は多種多様。

ですが、リクエストは無くても対応が必要だったケースは、意外と多いのです。

あるとき、二人のお子様連れのご夫婦が宿泊するためホテルに来ました。

一人は生まれたばかりの赤ちゃん、もう一人のお子様は2歳、いや3歳前ぐらいという感じでしょうか。

赤ちゃんはベビーカーに乗り、ニコニコ笑いながら周りを興味深そうに見ています。もう一人のお子様はよちよちと歩いたり……という、なんとも微笑ましいご家族連れです。

ご家族からのリクエストは、「赤ちゃんがいるので、少し静かな部屋にして欲しい」というものでした。ホテルでは、ご家族のリクエストに応えるべく、エレベーターや階段から離れたお部屋をアサインしました。エレベーターや階段周りは、人の行き来が多いため、騒がしいと判断したためです。その部屋に行くためには、途中一段ほどの段差がありますが、スタッフも手伝い、ベビーカーも問題なく移動することができました。

ご家族はお食事や観光に出かけ楽しそうに過ごし、笑顔でチェックアウトをしました。

が、後日アンケートには、

「小さな子供がいたので、静かな部屋を選んでくれたのはうれしかったが、ベビーカーが通るには通路が狭く、段差があることも気になった」

というコメントがありました。

予約時のリクエストの内容にそった対応をホテル側では行っているのですから、不備があったわけではありません。

実際、段差は、ベビーカーでも乗り越えられる程度でした。しかし、通路が狭いため「衝撃を和らげるようにするため、段差を斜めに通ることができなかった」のです。

車いすやベビーカーは、多少の段差は越えられるように安全に設計されてい用具です。ですが、それを使っている人にとっては、たとえ安全であっても「できるだけ衝撃を受けないようにしたい」という希望があります。なぜなら、「乗っている人に可能な限り衝撃を与えたくない」と考えているからです。
それが、「見えないリクエスト」です。

この見えないリクエストを
「一部だけが感じた（求めている）、イレギュラーなリクエスト」と受け止めるか、
「利用する全ての個性に対応するための、改善ポイント」と受け止めるかは、お客様から選ばれる企業・会社になれるかどうかの大切な分かれ目です。

館内図を見ただけでは、分からないことはたくさんあるのです。
そのお客様の立場に立たなければ、分からないことはたくさんあるのです。

●全ての人に　Global Security
世界的に有名なある企業では、従業員全てに「介助が必要かどうか」を問う項目があります。「高齢者だから」「障がい者だから」介助が必要なのではなく、全ての個性に対して「介助が必要かどうか」を確認しているのです。その確認は、家族にまで及びます。
万が一の緊急事態の場合、関係部署に情報を開示し、介助が必要な従業員に必要な介助が届くようにするためです。
この考え方は、日本の全ての接客シーンに取り入れられるべきだと考えます。

なぜなら、
万が一、緊急避難が必要となった場合、先ほどの小さなお子様たちをお連れのお客様には、避難するため介助が絶対に必要だからです。

走って避難できる子供が二人いるご家族連れなのか
二人の子供を抱きかかえ避難しなくてはいけないご家族連れなのか
お客様をお迎えする側として、お客様の状況を把握しておくことは、大事なことではないでしょうか。

多くのお客様は、「リクエストがあれば、ご記入ください」の欄を、あまり深くとらえておらず、「特別なリクエストがあったときには、そこに記入をしよう」という程度なのかもしれません。

そのため“日常”のことを「リクエスト欄」に記入する人の数は、多くありません。もちろん、施設側に対応を求めなくてはいけない場合は、「リクエスト欄」に記入しますが、自分が気をつければ良い・家族が対応すれば良いと考えている場合、記入しないこともあるのです。

なぜなら、
車いすのお客様は車いすに乗っていることが、“日常”で、
小さなお子様がいるお客様は、ベビーカーに赤ちゃんを乗せ、目を離すとどこかによちよちと走り出す年齢のお子様がいることが、“日常”だからです。
盲導犬を連れている人は、それが“日常”です。

「リクエスト欄」の在り方を、もう一度考えてみてください。
「ご希望がございましたら、ご記入ください」ではなく、もう少し相手の立場になって、誰もが安心して利用できるような仕組みになることが大切です。

先ほどのベビーカーの例だけではなく、旅館などの例も考えてみましょう。

宿泊予約時に、「男性○人、女性○人、子供○人」と入力する欄があり、その情報を基にして、客室内に「男性用」「女性用」「子供用」の浴衣が用意されていますが、どうして丈の長い浴衣が「男性用」で、丈の短い浴衣が「女性用」なのでしょう。

骨格の違いはあるにせよ、身長も個性です。
そもそも、男性用・女性用と分けることの意味も考えていかなくてはいけません。

個性は、優先されるべき内容なのですから。

❖ お客様への対応とは

日本では、2006年に「バリアフリー新法」が制定されました。
その結果、階段や段差が解消されるなどして、多くの建物で誰もが利用しやすい環境になってきました。それでも、全ての施設がバリアフリーではないため、適切なサポートができるスタッフが必要です。
また、スタッフも意識を変えることが求められます。「高齢者や障がい者のサポートをするのは大変だ」と思い込んでいる可能性があるからです。

「大変だ」と思い込む必要はありません。ほんのささやかな気づかいで充分なのです。

もし自分の親なら、自分の子供なら、と考えたら、「こうしてあげよう」「こんなことをしてあげたい」と思えば良いだけなのです。
ささやかな気づかいは、「やさしい想像力」によって生まれるものです。

宿泊施設を例にとって考えてみましょう。
まず、高齢者や障がい者に充分対応できる施設・設備かどうかを見直すことから始めましょう。
　　・入口のドアは開閉がスムーズか
　　・浴室やトイレの床はすべりやすくないか
　　・つまずきやすい段差はあるか
　　・階段に手すりはついているか
　　・サポートするスタッフは充分いるか　　　　など

安心して滞在を楽しめるかどうかに大きく関わることなので、重要な見直しです。また、多くのお客様に、不自由なく楽しんでいただけるように、視線の高さを変えて見直すことも大切です。
　　・背の高いお客様　または　背の低いお客様
　　・大人　または　子供
　　・日本国内のお客様　または　海外からのお客様
　　・白杖をご利用のお客様　または　車椅子をご利用のお客様　　　など

ご利用になるお客様の視線の高さも異なります。
お客様と同じ椅子に座ってみることは、見直しの大きなきっかけとなります。

さあ、座ってみて、何が見えましたか？
何を感じましたか？

自分が見えている・見ている範囲が全てでは無く、お客様一人ひとり見える範囲は異なり、必要とするサポートが異なることが分かったのではないでしょうか。

●視線の高さを変えて、多くのスタッフの視点で見直しましょう

できるだけ、多くのスタッフが施設内の見直しに参加しましょう。それぞれのスタッフが感じた部分が異なる場合もあります。ほとんどのスタッフが「改善したほうが良い」と感じた部分については、すぐに改善策を考えるべきです。

【考えてみましょう】

目が不自由なお客様をご案内するとき、注意することはどんなことでしょうか。

....

....

....

施設にとって、何よりも優先されるべきものは、なんでしょうか。

豪華さや便利さも魅力の一つですが、何よりも優先されるべきは『安全性の担保』です。それは宿泊施設に限らず、全ての仕事において意識することが重要です。

そして、その意識はスタッフだけではなく、取引先においても適用されるべきだということも、覚えておきましょう。

相手の立場になって、行動することを忘れてはいけません。

人の動き（動線）と物の動き（物流線）が複雑化して集中しやすい場所では、どうしても品物の扱いが乱雑になったり、本来あるべきではない場所に物が置かれる可能性もあります。

スタッフの仕事の効率化を確保しながらも、一時的に荷物を置くスペースを決めておくなど、人と物の動きが円滑に作用するように配慮した見直しをしましょう。

❖ オープンクエスチョンとクローズドクエスチョン

人は、自分の話を聞いてくれる人を「良い人」「話しやすい人」そして、「信頼できる人」と感じます。逆に、自分のことばかりを話す人を「苦手な人」「話しづらい人」「自分勝手な人」と感じます。お客様と信頼関係を築くことが大切な接客・接遇では、相手との会話をどのように組み立てていけば良いでしょうか。

相手とのコミュニケーションを高め、信頼関係を築くために必要なことは"良い質問"をすることです。
回答する人に気持ちよく答えてもらうための質問でなくてはいけないのです。
なぜなら、一方通行の会話や相手がストレスを感じる会話では、信頼関係を築くことができないどころか、クレームになってしまう可能性もあるからです。
質問は、相手に回答を求めるものだけではありません。会話のきっかけとなる質問もあります。
質問形式の特徴を知り、相手とのコミュニケーションを円滑に進めましょう。

● オープンクエスチョン
オープンクエスチョンとは、回答の範囲を制限しない質問のことです。答えが決められていない（選択肢がない）ため、回答する人が自由に考えて答えることができる形式の質問のことです。
・ここまでどのように来ましたか？
・なぜ、お寿司が好きなのですか？
・あなたが好きな飲み物は何ですか？
・そのバッグを買ったのはいつですか？
・これからどこに行きますか？

● オープンクエスチョンのメリットとデメリット
メリットとしては、回答する人は、自由に回答することができます。また、その質問に対して、考える機会となるため、新たな気づきが生まれるきっかけとなります。
ただ、答えを出すまでに時間がかかるため、回答する人は質問されることにストレスを感じる可能性があることや、質問に対して思いがけない答えが返ってくるなど、正しい答えを得にくいというデメリットもあります。

●クローズドクエッション
クローズドクエスチョンとは、回答の範囲を限定した質問のことです。答えをあらかじめ決めて（選択肢を用意して）、その中から選んで回答してもらうようにする形式の質問のことです。
・ここまでは、電車で来ましたか？　車ですか？
・お寿司は好きですか？
・野菜ジュースは好きですか？
・そのバッグは、高かったですか？
・これから、食事に行きますか？　買い物に行きますか？

●クローズドクエスチョンのメリットとデメリット
メリットとしては、回答する人は選択肢の中から選ぶだけなので、ストレスなく素早く回答することができます。また、明確な回答を共有できるので、会話の内容が脱線しにくくスピード感がでます。
ただ、回答に制限があることで、ずっと質問をされていると尋問を受けているかのような印象を感じてしまったり、質問する側が欲しい情報を得るだけの会話となり、話題が広がらないというデメリットもあります。

良い質問とは、オープンクエスチョンとクローズドクエスチョンを適切に混ぜることです。
それぞれ、メリットとデメリットがありますので、その良いところを使いながら、良い質問を重ねていくと、必要な情報を得ることができるでしょう。

【ロールプレイング】
昨日の夕飯について、オープンクエスチョンとクローズドクエスチョンを使いながら、会話をしてみましょう
着地点「相手の昨日の夜の気分を知る」

………………………………………………………………………………

………………………………………………………………………………

………………………………………………………………………………

第 3 章
お客様に合わせた
接客と介助・サービスの実践

❖ お客様を知ること

何度もご利用してくださるお客様であれば、過去の利用歴からどんなことを望んでいるかを想像することが可能です。
初めてご利用くださるお客様の場合は、ご予約を受けるところから始まります。

お客様がお越しになってから「対応は難しいです」とお断りするのではなく、ご予約を受けるときに「できること」「できないこと」を明確にしておくのです。

例えば、
ペットを飼っている人にとって、ペットは動物といっても家族の一員です。
一緒に利用したいと思うお客様はたくさんいます。
ですので、
　・ペット（愛玩動物）は、レストランに入れません。
　・ペット（愛玩動物）も、レストランに入れます。
など、施設・お店側の受け入れ体制を明確にしておくことが、とても大切です。

ペット同伴可のレストランの中には、ペットと一緒に食事ができるレストランもあります。
その場合、
　・ペット用の食器と、人が使う食器を洗う場所を変える
　・調理場を変える
　・食品を取り扱う人はペットに触れない
など保健所などからの指導を受けて営業をしています。

一方で、盲導犬は身体障害者補助犬法により、カフェ・レストランの利用、医療機関やスポーツジムの利用、バスやタクシーの利用が法的権利として認められ、施設側は受け入れ義務があります。

店内に入ることはもちろん、畳の部屋に入ることやビュッフェスタイルのレストランに入ることも、お客様が望めば受け入れを拒否することはできません。（2003年10月全面施行　身体障害者補助犬法、2016年4月施行　障害者差別解消法）

盲導犬は、視覚障がい者の目となるパートナーで、身体障害者補助犬の一つです。
身体障害者補助犬とは、「盲導犬」「介助犬」「聴導犬」の三種類の総称です。

●盲導犬
視覚障がいのある人が安全に歩けるようにサポートします。
障がい物を避けたり、立ち止まって曲がり角や段差を教えたりします。
ハーネス（胴輪）をつけていて、"盲導犬"と表示しています。

●介助犬
肢体不自由のある人の日常動作をサポートします。
物を拾って渡したり、指示した物を持ってきたり、脱衣の介助などを行います。

●聴導犬
聴覚障がいのある人に生活の中の必要な音を知らせ、音源まで誘導します。
玄関チャイム音、メールやFAXなどの着信音、赤ちゃんの泣き声、車のクラクションなどを聞き分け教えます。

補助犬を使用している人は、認定証（盲導犬の場合は使用者証）の携帯が義務づけられているほか、安全性を証明する手帳などを携帯しています。
犬同伴のお客様が「補助犬」と称して施設などの利用を主張しても、規定の表示をしていない場合は、受け入れの義務はありません。

予約を受けるときには、お客様のご要望をお伺いし、お互いに理解し合う必要があります。

このように、一例として動物を同伴して利用する場合を考えても、「できること」「できないこと」があり、それを表示・表記しておくことや、予約を受ける時点で確認する必要があるのです。「できること」「できないこと」を明確にしておくことで、お客様は安心して、利用するかどうかを選択することができます。

❖ ユニバーサル社会の実現

ユニバーサル社会とは「障害の有無・年齢などに関わらず、等しく基本的人権を享有するかけがえのない個人として尊重されるものである」との理念に則り、高齢者・障がい者などの自立した日常生活および社会生活が確保される社会です。

2018年、ユニバーサル社会実現推進法が制定され、国・行政・自治体・企業・社会全体が、バリアフリー・ユニバーサルデザインの推進に取り組んでいます。
接客・サービスという目に見えない商品で顧客満足を追求する接客業界も、ユニバーサル社会との関りは深いことから、これまで以上の奥行きが求められています。

●ユニバーサルデザイン
高齢者や障がい者だけに限らず、性別・年齢・国籍・身体的な個性に関係なく、誰もが安全に使用できるようにデザインされた設備や施設のことです。
施設がバリアフリーであったとしても、その場所が意外と分かりにくいところにあったり、適切なサポートができるスタッフがいないという場合もあります。

　　疲れやすくなった。
　　早く歩くことができなくなった。
　　視力が落ちた。
　　脂っぽいものが苦手になった（胃もたれをする）。
　　物忘れが増えた。
　　音が聞きとりにくい。
など高齢になると、視覚障害・聴覚障害・肢体不自由・内臓障害・記憶障害などが複合的に起こることが珍しくありません。

そのように考えると、ユニバーサルデザインを取り入れることと同時に、適切なサポートができるスタッフの教育は急務です。

❖ 高齢者、障がい者、その家族に対するコミュニケーション

高齢者、障がい者のご家族に対して、社会はどのように優しいでしょうか。
もしかすると、周りの理解やサポートを必要としているのは、その家族の人たちかもしれません。
介助や介護が必要になった家族が、施設に入ることに対して否定的な意見も未だありますが、自身がその家族の立場になったときに、気持ちが分かるかもしれません。

家族は一緒に外食をするとき、料理を取り分けたり、薬を飲むための水を用意したり、食べやすいようにスプーンをお願いしたり、トイレに付き添ってあげたりします。
旅行に行っても、施設がバリアフリーかどうかを事前に確認したり、車いすを押しながら荷物も持ち、チェックインの手続きをするなど、大忙しです。

高齢者や障がい者が、等しく基本的人権を享有するかけがえのない個人として尊重されるものであるのと同様に、その家族も個人として尊重されるべきです。
つまり、サポートが必要な人もその家族も、楽しめる環境を整えてあげるべきなのです。
妊婦や小さなお子様がいる家族、習慣の違う外国人やLGBTQなどに対しても同様です。

●「大変ですね」とは、本当に相手を思いやった言葉？
家族は、様々なサポートをしなくてはいけない状況を「大変」というだけの感情しか持っていないのでしょうか。
大変であることは、確かに間違いないでしょう。
ですが、大変であっても、一緒に出掛けて、一緒に同じものを食べて、「おいしいね！」と笑顔で話せる時間のほうが、とても大切なのではないでしょうか。
どのように接して良いか分からず「大変ですね」と声をかけてしまいがちですが、家族の気持ちになって言葉を選びましょう。

2021年、東京オリンピック・パラリンピックが開催されました。コロナ禍の影響で数はかなり制限されたものの、多くの障がい者とその関係者が参加しました。
この世界的イベントは日本のサービス産業にとっても大きな転換点であり、今後も適切な知識と技術を持ち、高齢者や障がい者に歩み寄ることのできる人材が求められていることに変わりはありません。

❖ 国際シンボルマーク

●マークの知識

街中や施設内に掲示されているマークです。正しい意味を知るところから始めていきましょう。

障害者のための国際シンボルマーク

出典：内閣府　障害者に関係するマークの一例

障害者のための 国際シンボルマーク 	障害者が利用できる建物、施設であることを明確に表すための世界共通のシンボルマークです。マークの使用については国際リハビリテーション協会の「使用指針」により定められています。 駐車場などでこのマークを見かけた場合には、障害者の利用への配慮について、御理解、御協力をお願いします。 ※このマークは「すべての障害者を対象」としたものです。特に車椅子を利用する障害者を限定し、使用されるものではありません。
盲人のための 国際シンボルマーク 	世界盲人連合で1984年に制定された盲人のための世界共通のマークです。 視覚障害者の安全やバリアフリーに考慮された建物、設備、機器などに付けられています。信号機や国際点字郵便物・書籍などで身近に見かけるマークです。
身体障害者標識 （身体障害者マーク） 	肢体不自由であることを理由に免許に条件を付されている方が運転する車に表示するマークで、マークの表示については、努力義務となっています。 危険防止のためやむを得ない場合を除き、このマークを付けた車に幅寄せや割り込みを行った運転者は、道路交通法の規定により罰せられます。

聴覚障害者標識 （聴覚障害者マーク） 	聴覚障害であることを理由に免許に条件を付されている方が運転する車に表示するマークで、マークの表示については、義務となっています。 危険防止のためやむを得ない場合を除き、このマークを付けた車に幅寄せや割り込みを行った運転者は、道路交通法の規定により罰せられます。
ほじょ犬マーク 	身体障害者補助犬法の啓発のためのマークです。身体障害者補助犬とは、盲導犬、介助犬、聴導犬のことを言います。「身体障害者補助犬法」において、公共の施設や交通機関はもちろん、デパートやスーパー、ホテル、レストランなどの民間施設は、身体障害のある人が身体障害者補助犬を同伴するのを受け入れる義務があります。補助犬を同伴することのみをもってサービスの提供を拒むことは障害者差別に当たります。 補助犬はペットではありません。社会のマナーもきちんと訓練されているし、衛生面でもきちんと管理されています。補助犬を同伴していても使用者への援助が必要な場合があります。使用者が困っている様子を見かけたら、積極的にお声かけをお願いします。
耳マーク 	聞こえが不自由なことを表すと同時に、聞こえない人・聞こえにくい人への配慮を表すマークです。また、窓口等に掲示されている場合は、聴覚障害者へ配慮した対応ができることを表しています。 聴覚障害者は見た目には分からないために、誤解されたり、不利益をこうむったり、社会生活上で不安が少なくありません。 このマークを提示された場合は、相手が「聞こえない・聞こえにくい」ことを理解し、コミュニケーションの方法等への配慮（口元を見せゆっくり、はっきり話す・筆談で対応する・呼ぶときはそばへ来て合図する・手話や身振りで表すなど）について御協力をお願いします。

ヒアリングループマーク 	「ヒアリングループマーク」は、補聴器や人工内耳に内蔵されているＴコイルを使って利用できる施設・機器であることを表示するマークです。 このマークを施設・機器に掲示することにより、補聴器・人工内耳装用者に補聴援助システムがあることを知らしめ、利用を促すものです。
オストメイト用設備 オストメイト 	オストメイトとは、がんなどで人工肛門・人工膀胱を造設している排泄機能に障害のある障害者のことをいいます。このマーク（JIS Z8210）は、オストメイトの為の設備（オストメイト対応のトイレ）があること及びオストメイトであることを表しています。 このマークを見かけた場合には、身体内部に障害のある障害者であること及びその配慮されたトイレであることを御理解の上、御協力をお願いします。
ハート・プラス　マーク 	「身体内部に障害がある人」を表しています。身体内部（心臓、呼吸機能、じん臓、膀胱・直腸、小腸、肝臓、免疫機能）に障害がある方は外見からは分かりにくいため、様々な誤解を受けることがあります。 内部障害の方の中には、電車などの優先席に座りたい、障害者用駐車スペースに停めたい、といったことを希望していることがあります。
「白杖SOSシグナル」 普及啓発シンボルマーク 	白杖を頭上50cm程度に掲げてSOSのシグナルを示している視覚に障害のある人を見かけたら、進んで声をかけて支援しようという「白杖SOSシグナル」運動の普及啓発シンボルマークです。 白杖によるSOSのシグナルを見かけたら、進んで声をかけ、困っていることなどを聞き、サポートをお願いします。 ※駅のホームや路上などで視覚に障害のある人が危険に遭遇しそうな場合は、白杖によりSOSのシグナルを示していなくても、声をかけてサポートをお願いします。

ヘルプマーク 	義足や人工関節を使用している方、内部障害や難病の方、または妊娠初期の方など、外見から分からなくても援助や配慮を必要としている方々が、周囲の方に配慮を必要としていることを知らせることができるマークです（JIS規格）。ヘルプマークを身に着けた方を見かけた場合は、電車・バス内で席をゆずる、困っているようであれば声をかける等、思いやりのある行動をお願いします。
手話マーク 	耳が聞こえない人が手話でのコミュニケーションの配慮を求めるときに提示したり、役所、公共及び民間施設・交通機関の窓口、店舗など、手話による対応ができるところが掲示できます。また、イベント時のネームプレートや災害時に支援者が身に着けるビブスなどに掲示することもできます。 耳が聞こえない人等がこのマークを提示した場合は「手話で対応をお願いします」の意味、窓口等が掲示している場合は「手話で対応します」等の意味になります。
筆談マーク 	耳が聞こえない人、音声言語障害者、知的障害者や外国人などが筆談でのコミュニケーションの配慮を求めるときに提示したり、役所、公共及び民間施設・交通機関の窓口、店舗など、筆談による対応ができるところが掲示できます。また、イベント時のネームプレートや災害時に支援者が身に着けるビブスなどに掲示することもできます。 耳が聞こえない人等がこのマークを提示した場合は「筆談で対応をお願いします」の意味、窓口等が掲示している場合は「筆談で対応します」等の意味になります。

❖ 心理を理解する

●「無関心」と「過剰反応」

高齢の人や障害を持つ人たちにとって、周りの人たちの「無関心」と「過剰反応」に困惑する人が多いようです。

「無関心」と感じさせてしまっている理由の一つには、「相手の状況を理解しよう」「相手の立場に立って考えよう」という思考が薄いことが大きく影響していると思われます。勝手に「自分の普通」を相手に求めているために、高齢の人や障害を持つ人には「私に関心を持っていない。興味がない。つまり無関心」と受け止められているのでしょう。

ただ、「無関心」と感じさせてしまっている状況の中には、「どうしてあげたら良いのかが分からない」という気持ちから生じる、迷いや遠慮があるため「見て見ぬふりをしてしまう（無関心）」が含まれている場合もあります。

ユニバーサルマナー協会の調査結果では、約57％の人が「どのように対応すれば良いのかが分からない」＝「自分にはできない」と思ってしまい、そのためにサポートすることに躊躇してしまっているといいます。

逆に周りの人の「○○してあげなきゃ！」という「過剰反応」に対しては、とてもありがたい一方で、ときには負担に感じるそうです。

自分ができることまで、誰かの手を借りることに違和感を覚えているのでしょう。

このようなときは、サポートを受けることに対して「申し訳ない」という気持ちになるのだそうです。

では、どのような対応が良いのでしょうか。

●求められているのは、さりげない配慮

相手がどうしたいのか、その意思に耳を傾けることがなによりも大切です。より深く相手を理解しようとする「心」と、その理解を助けてくれる「知識」です。

何が良いのか、正解はありません。しかし100点満点でなくても良いのです。

なによりも大切なのは、「常に歩み寄っていく姿勢」と「現状を少しでもより良くしようとする姿勢」でしょう。

求められているのは「さりげない配慮」です。

まずは、「何かお手伝いできることはありませんか？」と声をかけるところから始めてみましょう。もしかしたら、「大丈夫です」と断られるかもしれません。

しかし、「見守ることも、おもてなし」です。
いつでもお手伝いができるように、温かい気持ちで注意深く見守ってあげましょう。

目標にすべきことは、
「全てのお客様に楽しんでいただくこと」「幸せのお手伝いをすること」です。
子供も大人も、障害のあるお客様も高齢のお客様も、日本人も外国人も、その場に居合わせた全てのお客様に心地良く過ごしていただけなければいけません。

●一緒に働く仲間
障害を持つ人たちと一緒に働くことも、65歳以上の人と一緒に働くことも、これからの社会では当たり前になっていきます。
　　　　　＊従業員が一定数以上の規模の事業主は、従業員に占める身体障害者・知的障害者・精神障害者の割合を「法定雇用率」以上にする義務があります。民間の企業の法廷雇用率は、2.3%。従業員を43.5人以上雇用している事業主は、障害者を一人以上雇用しなければならず、雇用義務を履行しない事業主に対しては行政指導が行われます。(障害者雇用促進法43条第Ⅰ項)

障害も、一つの個性です。
ある人には苦手な分野であっても、別な人には得意な分野かもしれません。
人には、できること・できないことがあるのが、当たり前です。

高齢者だから、障がい者だから、といって特別扱いするのではなく、お互いができることをして、社会を支えていく。それがユニバーサル社会の実現です。

高齢のお客様や障害を持ったお客様が、他のお客様と同様に、レストランで美味しい食事を味わい、観光や旅行を楽しんでもらうことは特別ではありません。当たり前のことです。
逆に、高齢のお客様や障害を持つお客様が、楽しめる時間と空間を提供できない接客業は、これからの社会には不要になってきます。どのようなお客様に対してもサポートできることも、接客業として不可欠な条件です。

❈ 個性に対する接客・接遇

●視覚障害のあるお客様

目が見えなかったり、見えにくいことによって、生活に支障がある状態をいいます。
視覚障害は二つに大別されます。「視力障害」と「視野障害」です。

「視力障害」

見る力の障害は、全盲（両眼での矯正視力が0.05未満）と、弱視（両眼での矯正視力が0.05〜0.3未満）に分かれます。

「視野障害」

見える範囲の障害は、狭窄（視野が全体的に狭い）、欠損（視野の一部が見えない）、暗点（視野の中央部が見えない）などに分かれます。

視覚障害といっても、まったく見えない人もぼんやりと見える人もいるので、障害には差があります。
弱視や視野障害の人は、外見では見えているように思われがちですが、実は危険を察知しづらいという状態です。

失明の原因の第一位は、緑内障です。
緑内障は、高齢者に多く、しかもその人数は上昇傾向にあります。

> 【危険を察知しづらい】
> ・弱視の場合、同系色の障害物が認識しづらい
> ・視野障害の場合、見えづらい方向から迫る危険を察知することができない
> ・高齢者の場合、白内障で視野が全体的にかすみ、はっきり見えない
> などがあります。

具体的には、
「室内外の段差や溝に足をとられやすい」
「予約票に記入できない」
「館内の表示やメニュー・案内板が読めない」
「言葉だけでの説明では理解できない」　例：あちらにございます。
などがあります。

以下は全盲の方への対応を中心に説明します。

●お声がけの方法
①なによりも大切なのは、歩み寄る勇気。腕や服に軽く触れながら、声をかけます。そうしないと自分に話しかけられているのか判断が難しいからです。

②名前と所属を伝えます。相手がスタッフだと分かれば、より具体的な内容を頼めるようになります。

③必ず「何かお手伝いいたしましょうか？」と、サポートの必要性を伺いましょう。聞く相手は、本人に対してです。

> なによりお声がけが大切です。
> いきなり説明を始めたり、身体に触れる行為は、お客様を戸惑わせます。
> また、お客様がお持ちの白い杖「白杖」は、目の代わりとなる大事な物です。
> 本人の許可なく触れるのは厳禁です。

●移動時のサポート
①同行の人が介添えを希望される場合は、その希望に添いましょう。
スタッフがサポートする場合は、必ず白杖を持っていない側に立ちましょう。
そのあとに自分の肘の上を持っていただくか、肩に手をのせていただきます。
腕、肩、手首など、持つ場所については、相手の要望に合わせます。背中を押す、手をひく、白杖を持つなどは、相手のペースを乱してしまうので、厳禁です。
右手左手のいずれが持ちやすいのかも、相手に必ず確かめましょう。

視覚障害のあるお客様の誘導方法

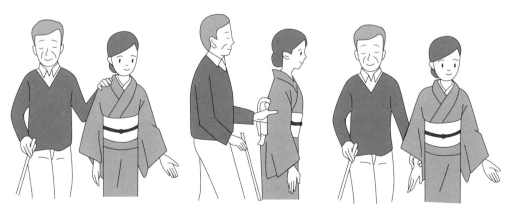

②相手の「斜め一歩前」を歩きます。そうすることで、自分が危険防止のために急に立ち止まったときに、相手が先に行ってしまうことを防げます。

③移動中は、黙ったまま案内するのではなく、段差や通路の幅など周囲の状況を伝えながらゆっくりと歩きます。
立ち止まる場合や待つ場合には、その理由も丁寧に伝えましょう。

> 「あとちょっとです」「もうすぐです」などの言葉は不適切です。
> 相手が見えないことをきちんと意識したうえで、
> 具体的にわかりやすく説明することが必要です。
> 「あちら」「そちら」という言葉も不適切です。

● 段差や階段でのサポート
①上りなのか下りなのかも含めて、段差や階段があることを伝えます。
「階段」と「エスカレーター」「エレベーター」のいずれが安心なのかを相手に確認しましょう。
手すりがある場合は、「手すりを使いますか？」と確認して、相手の要望に合わせます。

②階段を利用する場合は、段数が少なければ、「三段の下り階段があります」と具体的に伝えると安心してもらえます。
段差を進むときには、一段先を歩くか横に並んで歩くかなど、相手の要望に合わせます。歩くスピードも同様です。

③階段を下りるとき（上るとき）に「3、2、1」とカウントダウンしがちですが、実はその感覚は人それぞれです。着いたときに「○階に着きました」と伝えましょう。

> 大切なことは、段差に向かって「正面から進む」ことです。
> 斜めから進むと、足を踏み外す危険性が高まりますので注意しましょう。

●椅子への案内

①テーブルに着いたら、椅子の形状（背もたれがあるかどうか）や周りの状況（前方にテーブルがあることや、隣に人が座っているかなど）を説明します。

②全盲の人の場合は、その後「手をお借りしてよろしいでしょうか？」と声をかけて、椅子の背もたれや座面に手を導いて、確認してもらいます。

> 椅子との距離や座る深さなどによって椅子から落ちてしまったり、
> 転倒する可能性もあります。
> 案内・お声かけのタイミングなど、慎重に行いましょう。

●メニューの案内

①「メニューをお読みいたしましょうか？」と確認し、ご要望があったら対応します。お食事のご希望やお好みなどを伺い、それにそって料理やドリンクの説明をします。

②料理によっては、「一口サイズにお切りいたしましょうか？」などと聞き、ご要望があったら対応します。

> 点字が読める視覚障がい者は、視覚障がい者全体の、
> 約10%にすぎないといわれています。
> メニューを読み上げるときには、メニュー名だけではなく、
> どんな料理なのか分かるように、
> 食材や調理法なども説明しましょう。

●料理の提供

①料理をテーブルに置くときは必ず料理名を告げます。

まず「失礼します」と声をかけてから行います。目の不自由な人にとっては、突然近づいてくる人や料理に恐怖を覚えます。相手の安全のためにも、料理を置く前などには、必ず声かけを行ってから提供しましょう。

②クロックポジションを用いて「○○時の方向にお料理を置かせていただきます」と説明しながら提供します。

> クロックポジションとは、テーブルや室内の位置関係を説明するときに、
> アナログ時計の方向に例えて、相手に場所を知らせる手法です。
> お皿が熱くなっている場合などの情報もきちんと伝えましょう。

●化粧室への案内

①化粧室へは可能な限り、同性のスタッフが誘導します。

②化粧室の便器、トイレットペーパー、水洗ボタン、くず入れ、鍵、洗面所の場所などの情報を説明します。

③化粧室を利用中は、少し離れた場所で待機しましょう。

④化粧室から出てきたら、ゆっくりそばにより、相手に声をかけてからサポートを始めます。

> 「近くにいますので、お困りのことがあったら、すぐに声をかけてくださいね」
> と言い添えると、相手も安心します。

●盲導犬とは

目に障害のある人と一緒に歩き、交差点や段差で止まったり、障害物や車の接近を知らせたりして、安全に歩けるようサポートする補助犬の一つです。

盲導犬は白、または黄色のハーネス（胴輪）に、認定番号や補助犬の種類などを記載した表示をつけています。

使用者は、認定証の携帯が義務づけられているほか、補助犬の公衆衛生上の安全性を証明するため、手帳（「身体障害者補助犬健康管理記録」）を携帯しています。

トラブルを防ぐためにも、補助犬かどうかの確認が必要な場合は、事業者は使用者に認定証の提示を求めましょう。

「認定証を確認させていただけますか？」と声をかけることは、
使用者に対して失礼には当たりません。

「身体障害者補助犬法」では、
　・公共施設や公共交通機関
　・スーパーやレストラン、ホテル
など、不特定多数の人が出入りする民間施設などに、補助犬同伴の受け入れを義務づけています。

しかし、レストランやホテルなどでは、他のお客様への配慮などを理由に、補助犬の同伴を断るという不適切な対応も未だに見受けられます。
法律や補助犬の役割について理解し、施設も周囲も、補助犬の同伴を温かく受け入れてください。

●聴覚障害のあるお客様

外耳・中耳・内耳、あるいは脳のどこかに障害が生じて、音を正確に聞き分けられなくなる状態をいいます。

「全ろう」（まったく聞こえない状態）、
「難聴」（聴力が低下して聞こえにくい状態）など、程度の差があります。
また、障害がいつ発生したかによって、先天性失聴と中途失聴（言語を覚えた後に聞こえなくなった状態）に分かれます。
「難聴」の場合、早口の会話だと聞き取れない、特定の音域だけ聞き取れない、複数の音・声の場合が聞き取れないなどがあります。

「老人性難聴」とは、加齢と共に音を聞く神経に衰えが生じたりすることによって、耳が聞こえにくくなる状態です。

聴覚障害は、見た目では障害が分かりにくいため、「無視をしている」と思われたり、「話を聞いていない」と誤解をされることがあります。

手話をしている、補聴器を使用している、お声がけに反応しないなどの行動をする場合は、耳に障害のある人かもしれません。

【危険を察知しづらい】
・音声による情報が聞こえない
・後方から近づいてくる人や物に気づけない
・高齢者の場合、小さな声や音が聞き取れない

具体的には
「順番が来て呼ばれても、分からない」
「スタッフを呼びたくても、返事が聞こえないので、声をかけられない」
「口元が見えないと、何をいっているのかが分からない」
「無視していると思われ、誤解される」
「音が小さすぎて聞こえない」
などがあります。

●お声がけの方法

①お声がけをするときは、けっして後ろから身体に触れないようにします。

②相手と目を合わせ、口元がはっきり見えるようにしながら、ゆっくりと話しかけます。見えない角度から話しかけても相手には伝わりません。

③筆談・手話・読唇（口の形で言葉を読み取る）などコミュニケーションの方法について、伺いましょう。

> 話しかけるときは、必ずお客様の視界に入ってから行います。
> ジェスチャーを交え会話を行うことも大切です。
> 下を向いて話しても、相手には聞こえません。
> 相手に、「あなたに話しかけています」という意思表示をしましょう。

●「聞こえる」と「話せる」

「聞こえる」程度は人によって異なります。補聴器をつけていても、「全ての音が聞こえる」人と、「聞こえる音が限定的である」人がいます。

補聴器をつけているので、「聞こえるだろう」というのは、思い込みです。
また「話せる人」は「聞こえている人」というのも、思い込みです。

耳の障害が発生した時期によって、「話せる」にも、程度の差があります。
言語を覚えた後に聞こえなくなった“中途失聴”の人は話せますが、相手の返事が聞こえないため、会話が成立しにくい場合があります。
「相手があなたの話を聞いていなくて、関係ない話をしている」のではなく、「聞き取れないため、違う話をしてしまっている」のかもしれないのです。

先天性失聴の場合であっても、「言葉を理解していない」わけではありません。
聞こえないからといって、失礼な言動はいけません。
あなたの口の動きで、相手はあなたの言っていることは分かっているのです。

●筆談
①商品の説明文や館内の案内図など、見て分かるような資料を事前に備えることは大切です。これは、外国人にも使える資料なので、多言語対応にしておくとよいでしょう。

②高齢者の場合、小さな文字は見えないことも考えられるため、筆談を行うときは、文字を大きく書きます。
お互いにタブレット端末や、スマートフォンなどを活用して、入力した内容を見せあいながら、会話をしていくこともおすすめです。

③難しい漢字や表現は使わないようにし、簡潔に文章をまとめます。

> 詳しい説明が必要な場合は、椅子のある場所で行います。
> 落ち着いた環境で、相手の希望を伺えるようにするためです。
> 正面に座って、「ゆっくりお伺いします」と伝えましょう。

●席への案内
①呼び出しても聞こえないので、相手は気がつくことはできません。
ワイヤレス呼出装置などを用いたり、呼び出し番号が数字で表示されるボードを使用する方法は有効です。

②補聴器を使用している場合、相手の声が大きく聞こえるのと同時に、周りの音も増幅されて使用者の耳に入ってきます。
レストランなどでは、静かな席に案内するほうが、落ち着いてお食事ができます。
複数人でお越しの場合は、個室に案内することも良いでしょう。

③テーブルにはスタッフ呼び出し用のチャイムやボタンなどを用意しておきます。

> 聞こえないことで、周りから情報が入ってこない状態は、
> 誰もが不安を感じます。
> 呼ばれていない場合でも、時々
> 「お困りのことはありませんか」と話しかけてみましょう。
> 「あなたの存在を意識しています」という気持ちを行動で示します。

●メニューの案内
①アレルギーなどの確認のために、あらかじめ使用食材を表示しておきます。
　食べられない食品などを指し示してもらい、ご要望に対応します。

> テーブルは、少し大きめのテーブルに座っていただき、
> いつでも筆談ができるようなスペースを確保しておくと良いでしょう。

●料理の提供
①できる限り、視界に入る方向からテーブルに近づき、料理を提供します。

②口頭で説明する必要がある場合は、一度自分を見てもらえるように、手で相手の視
　線を自分のほうに誘導します。相手が自分を見たら、ゆっくり説明を始めます。
　そのときには、説明している料理を手で差し、その後自分に視線が戻ってから、説
　明するようにします。
　また、説明の内容をメモにして相手に渡すようにすると親切です。

③「あとからソースをかける」「食材に合わせた調味料がある」など、食事を楽しく
　するための工夫が施されている料理などについては、食べ方の説明書があると良い
　でしょう。
　シェフがこだわって作った美味しい料理を、美味しく召し上がってもらうためには、
　絶対に必要な説明です。
　もしスタッフの説明が足りなければ、相手は味わいの無い料理を食べることになっ
　てしまいます。

> 美味しい料理を楽しんでもらうため、最高のサービスを提供しましょう。
> また見た目では分からない情報
> （皿が熱くなっている・器も食べられる）なども
> 確実に伝わるような説明をしましょう。

●会計・お見送り

①電卓・印刷された請求書など、金額が明確に分かるように提示しましょう。

②お見送りのときには、ショップカードなどに感謝の言葉を一言添えて渡すことで、相手に感謝の気持ちは伝わります。

●接客

①どの程度聞こえているのかを、相手の様子を見ながら判断をしましょう。
片方の耳だけ聞こえないというお客様もいます。その場合、お客様は聞こえる側の耳を傾けてくることがあります。

②早口で話すことは厳禁です。ゆっくりと会話を行います。
伝わりにくいときには、同じ言葉を繰り返すと良いでしょう。他にも、言い方を変える・表現方法を変えるなどを行ってみましょう。

③伝えたいことが相手に伝わったかを必ず確認します。
また、相手が言ったことを理解したということを相手に伝えるためには、相手の目を見て大きくうなずくなどを行います。
会話が一方通行にならないように注意し、意思疎通をしっかり行います。

④複数の人が同時に話さないように注意し、誰が話しているのかが分かるように配慮をします。
話をしている人は、相手の顔を見ながら話すことが大切です。

⑤筆談を交えることや、パンフレットなどを見て内容を読んでもらいながら接客することも効果的です。

⑥表情は、非常に重要です。
相手は話している内容を聞き逃さないようにと、真剣に集中してあなたの顔を見ています。
相手の意思をしっかり聞き取る気持ちがあることを、表情で伝えましょう。

> 話すときは、正面から話しかけます。
> 相手に顔や口の動きが見えないような会話は避けるようにします。
> 必ず、相手の目を見て、その人に向けて話をするということを意識します。
> 大きな声で話しかけることだけが方法ではありません。

● 聴導犬

聞こえない・聞こえにくい人に、生活上必要な音を知らせて行動をサポートする補助犬です。
「聴導犬」と書かれている胴着を付けています。

赤ちゃんの泣き声、ドアのチャイム、目覚まし時計の音など必要な音を覚え、音源まで誘導してくれます。
また、車のクラクション、警報機音など、危険を知らせてくれます。

聴導犬は、音の種類によって、使用者への合図を変え、必要な情報を正確に伝えています。避難が必要な警報音のときには、避難を誘導することも行います。
2022年厚生労働省調べでは、全国で63頭の聴導犬が働いています。

● 耳が聞こえないとは

耳が聞こえないということは、情報を入手する方法が「目からの情報だけ」となります。
周りが走り回る様子を見ても、何が起こったかを知ることができません。
また、周りの人から「耳が聞こえなくて困っている」ということを察してもらえないため、災害時には、状況の把握ができず、取り残されたり、避難が遅れることにつながります。

避難所においても、音声での情報しかなかった場合は、必要な支援が受けられなかったり、周りに教えてもらうことができません。

聴導犬を同伴して避難したら、「ペットを連れてきた」という誤解を受け、避難所に入れなかったという事例もあります。
耳が聞こえない・聞こえにくい人は、一見、他の人と同じように見えるので、聴導犬がその人の安全な生活を支えていることに気がついてもらえないのです。

補助犬（盲導犬、介助犬、聴導犬）は、ペットとは違います。
相手の状況を正しく知り、正しい判断をすることを心がけましょう。

●車椅子のお客様

麻痺など手や足に障害があったり、身体のどこかが動かない・動かしにくい人が利用しています。

・先天的に運動機能障害がある
・事故やケガ、病気などによる後天的な障害
・加齢とともに肢体に不自由を生じている人

車椅子使用者の割合としては、75歳以上の利用者が最も多く、全体の約14％を占めています。

使用者が一番困ることは、車椅子で移動できるかどうかという点です。

バリアフリーの施設が増えていますが、わずかな段差であっても、車椅子使用者にとっては、大きな壁になってしまう可能性があります。

【不便なこと】
・段差、勾配のきついスロープ、溝などがあって、車椅子が上がれない
・出入口、トイレや浴槽などが車椅子に対応した造りになっていない
・通路が狭くて、歩いている人とぶつかってしまう
・エレベーターのボタンに手が届かない
・低いところにある物が取れない
・車椅子専用の駐車場に、別な車が停まっていて駐車できない

具体的には、

「パンフレットが置いてある台が高くて、取ることができない」
「レストランの通路が狭いため、移動することができない」
「車椅子が使えるトイレが遠かったり、目につきにくい場所にある」
「扉が自動ドアではないため、出入りができない」

などがあります。

●お声がけの方法

①すぐにお声がけし、同行の人がそばにいても「お手伝いできることがございましたら、ご遠慮なくおっしゃってください」と相手の目を見て伝えます。

②相手が自分で車椅子を動かしている場合は、真正面からではなく、相手の顔の横方向からお声がけをします。

> 立ったままで応対してしまいがちですが、
> 腰を落として、お客様の目線に合わせて対応します。
> また、いきなり黙って車椅子を動かしてはいけません。
> 事前に声をかけることが、基本中の基本です。

●移動時のサポート

①段差がある場合

段差を上がるときは、必ずお声がけをしてから車輪を上げるために付けられた足元のステッピングバーを踏みます。次に車椅子を後ろに傾け、キャスター（前輪）を浮かせて前に進みます。降りるときは、車椅子を後ろ向きにして、後輪から静かに降ろします。

②階段がある場合

このときは人手が必要です。四人で行います。ブレーキをかけておいてから、二人が左右のハンドグリップ（①）と車輪（②）、あとの二人が左右のアームレスト（③）とレッグレストのパイプ（④）をしっかり持ち、運び上げます。
上がるときは車椅子を前向きに、降りるときは後ろ向きに移動します。
傾くと危険ですから、常に平衡状態を保つようにします。

③エレベーターに乗るとき、降りるとき

段差に注意し、車椅子を後ろ向きにして乗り込みます。エレベーター内で反転させて降りるときに備え、降りるときも後ろ向きで移動させます。エレベーター内が狭くて向きを変えるのが難しいときは、前向きで乗り入れて、後ろ向きで降ります。

> 移動中は、黙ったまま案内するのではなく、相手に不都合が無いかどうかを確認しながら、案内します。
> 車椅子を押すスピードや、動かす勢いについて、感じ方は人様々です。
> 常に不安を感じていることを意識して、サポートを行います。

〈段差を上がり下がりする際の操作〉

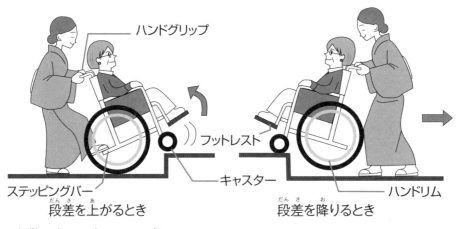

ハンドグリップ

フットレスト

キャスター

ステッピングバー

段差を上がるとき

ハンドリム

段差を降りるとき

〈階段を上がり下がりする際のサポート〉

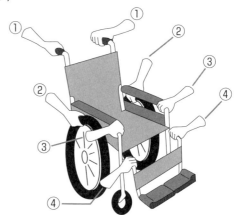

〈エレベーター乗降時の操作〉

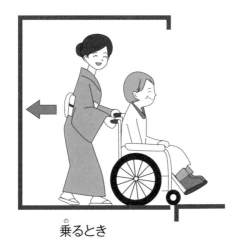

乗るとき

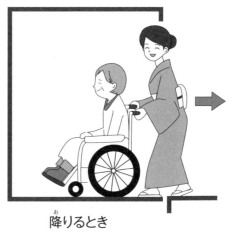

降りるとき

●介助犬とは
介助犬は、手や足に障害のある人の日常生活動作をサポートします。

・落とした物を拾う
・ドアの開閉
・指示した物を持ってくる
・不測の事態が起きたときに人を呼びに行ったり、
　緊急ボタンを押すといった緊急対応
・脱衣の介助
などを行います。

盲導犬・聴導犬・介助犬は、使用者の指示に従い待機することができるので、特別な設備は必要ありません。
使用者が指示したときに、指示した場所でしか排泄しないように訓練されています。

補助犬は、障害がある人のサポートをすることが仕事です。
仕事中の補助犬には、
・話しかけたり、じっと見つめたりしない
・勝手に触ったり、食べ物をあげたりしない
など、補助犬の仕事の邪魔になるような行動をしないように気をつけましょう。

●周りの理解
補助犬を同伴していても、他の人のサポートが必要な場合があります。
困っている様子を見かけたら、コミュニケーションを取ってください。

補助犬が通路をふさいだり、周りのにおいを嗅ぎ回るなど、何か困った行動をしている場合は、そのことを使用者にはっきり伝えてください。

バリアフリーとは、物理的な障壁（バリア）を取り除く（フリー）ことだけではなく、精神的な障壁を取り除くことが一番大事なことです。

補助犬の同伴は、法律で認められた権利ですが、まだご存じないお客様もいらっしゃるかもしれません。分かりやすい場所に、ステッカーやポスターなどを掲示するなど、周りのお客様に理解してもらうよう、働きかけることも必要です。

●高齢のお客様

日本の総人口（2021年9月15日現在推計）は、前年に比べ51万人減少している一方、65歳以上の高齢者（以下「高齢者」といいます。）人口は、3,640万人と、前年（3,618万人）に比べ22万人増加し、過去最多となりました。

総人口に占める割合は29.1％となり、2040年には、35％を超える予測です。

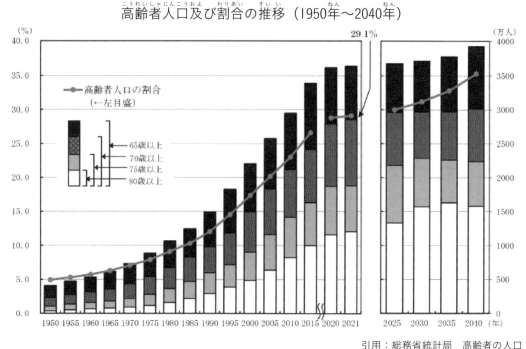

高齢者人口及び割合の推移（1950年～2040年）

引用：総務省統計局　高齢者の人口

3人に1人が高齢者になるこれからの時代は、高齢者に適切な接遇・接客・サービスが必要になることは、当たり前のことです。

加齢によって、私たちの身体には、少しずつ変化が現れます。全ての人に当てはまるわけではありませんが、一般的には、次のようなことが考えられます。
- ・近くのものや小さな文字が見えにくくなる
- ・耳が聞こえにくくなり、話し声や音が聞き取りにくくなる
- ・歩くスピードが遅くなる
- ・足元が弱く、ころぶ、つまづく、よろけやすくなる
- ・反応が遅くなり、とっさの行動がとりにくくなる
- ・物忘れをしやすくなる
- ・食べ物を噛む力が弱くなる。飲み物をうまく飲めなくなる

●接客

①礼儀を持って接することです。必ず「お客様」「○○様」とお呼びします。

けっして「おじいちゃん」「おばあちゃん」などと言ってはいけません。

また、必要以上にお年寄り扱いすることもいけません。

最大限のおもてなしだと考えて行動したことであっても、相手にとっては、「自分はまだそんな年寄りではない」と、良い気分がしないものです。

最初から手を貸すことも同様です。

②会話は、カタカナ用語、略語、外国語などは避けます。

日常的に使っていると、つい口にしてしまいがちですが、慎みます。

相手が言ったことを略語や専門用語に言い換えるような行動も控えましょう。

悪い例：お客様「Ｌサイズをお願いします」→スタッフ「トールサイズですね」

③ご案内するときは、歩く速度を相手に合わせることが大切です。

けっして急かすような態度はいけません。

万が一、転びそうになったとしても、すぐに駆け寄ってけがをしないようにサポートできる位置にいることが大切です。

段差や階段などでは、手を取るなどしてサポートをします。

耳が遠い人に対しては、ゆっくり話をするようにし、さりげないサポートを心がけましょう。

車椅子を使っていても、歩ける人もいます。

移動するときの要望を伺うことも大切です。

④席や部屋を決める場合には、以下のことに配慮をします。

　　・お手洗いへの動線が複雑でないこと

　　・途中に段差などがないこと

　　・エレベーターなどからアクセスの良い場所

　など。

受付を行う場合には、ロビーのソファに座って記入することをすすめたり、お部屋に入ってから、ゆっくり記入していただくような配慮をしましょう。

⑤ゆっくりとさりげなくサポートをします。

　自分の席を忘れたり分からなくなってしまっていても、慌てず、騒がずに対応し、「一緒に行きましょう」と声をかけます。

　荷物を部屋に置き忘れるなどが起きた場合は、「私が持ってきますので、大丈夫です」と安心させる対応が必要です。

　物忘れをしがちですから、特に出発時は「他にお荷物はございませんか」と、確認を促すようにします。チェックアウトをするときや会計をするときは、余裕を持って準備をしていただくために、混まない時間帯を案内します。

⑥料理の注文を受けるときには、相手から申し出がなくても「他の方とお料理の内容を変える必要はありますか？」など、こちらから配慮すべき点を聞き出す姿勢も大切です。箸の有無や、一口サイズにカットしてから提供すべきかどうかも合わせて聞いておきましょう。

⑦複数人で取り囲むように近寄り、大きな声で、口早に話しかけることを避けます。

　急に周りを取り囲まれたり、早口で何かを言われたら、誰しもパニック状態に陥ります。声をかけるときは、ゆっくりと話しかけます。

⑧料理を提供するときには、「失礼します。○○でございます」と声をかけます。

　相手にこちらの存在に気づいてもらえば、ぶつかる心配はありません。

　相手が気づかなくても、その人の向かい側や隣の人が気づいて「ほら、お料理が来ましたよ」と促してくださることもあります。

　どんなに忙しくても、お声がけしてから一呼吸置いて、そのあとに料理をサービスするようにしましょう。

> 自分の家族だったらと常に考え、行動しましょう。
> 「やさしい想像力」があればできることです。
> お客様が、安心して接客やサービスを受けられ、
> 楽しい時間が過ごせるようにすることを一番大切に考えましょう。
> 心地良い接客・サービスを受けたお客様は、
> 「心配りのできる良い施設」だと感動してくださることでしょう。

●ハラスメントは、社会問題

様々な個性に対して、「どのようにしたら、楽しい時間を過ごしてもらえるか」を考えることが、大切な使命であるため、本書で学ぶ皆さんは、「お客様にハラスメントをしよう」と考えている人はいないはずです。

ただし、「ハラスメントをしよう」と思っていなくても「ハラスメントが起きてしまう」のが、社会問題の一つです。

ハラスメントとは、「身体的な攻撃」「精神的な攻撃」「仲間外れ」はもちろんですが、「過大な要求」「過小な要求」「個の侵害」などがあります。

○○ハラスメントと呼ばれるものは、日々増え続けているといっても過言ではありません。

例えば、

高齢のお客様を「おじいちゃん」と呼び、相手を年寄り扱いをすれば、「エイジハラスメント」として訴えられる可能性があります。

本人は、馬鹿にしたり嫌がらせをしたつもりはなく、ただ親切な気持ちで行った行為であっても、相手が不快だと感じればハラスメントとなります。

相手がどのように感じるかを考えること、それが大切です。

「エアハラ」極度に暑い・寒いなど、室内の温度設定がお客様に合わない場合、エアコンハラスメントと受け止められる可能性があります。

「スメハラ」スメルハラスメントは、自分では気づいていないことが多いのが特徴です。喫煙のにおい・整髪料のにおい・香水のにおいなどです。

「レイハラ」レイシャルハラスメントとは、国籍や人種で人を判断し、偏見を持つことです。相手が日本人であっても、外国人であっても、国や地域で人を区別し偏見を持つことはハラスメントです。

「モラハラ」言葉や態度で相手を傷つけるモラルハラスメントです。

「そんなこと、するわけないですよー」という声が聞こえてきますが、

レジで、お会計するのに手間取る人を見て、「ふー」とため息をつく……

これは、立派な「モラルハラスメント」です。

●妊娠中のお客様、お子様と一緒のお客様

①ベビーカーの置き場所や利用できる場所について、事前に確認しておきましょう。

 ベビーカーマークは、
ベビーカー使用者が安心して利用できる場所や設備（エレベーター、鉄道やバスの車両スペースなど）を表しています。

 ベビーカー使用禁止マークは、
ベビーカーの使用を禁止する場所や設備（エスカレーターなど）を表しています。

事前に決めておくことで、使用者も周りの人も理解が深まります。

②一部のレストランでは、「○歳以上を除き同伴不可」などと明記し、子供の年齢制限をしていますが、多くの場所はお子様と利用することに制限はありません。
誰しもお腹が空いていれば機嫌は悪くなります。まして子供は我慢しません。
飽きずに待っていてもらうために、誰よりも先に料理や飲み物を出します。

③お子様は食べ終わったら、じっと待っていられず、遊びたくなるものです。
キッズスペースを設けたり、誰もが遊べる絵本や簡単な玩具を用意すると良いでしょう。

そうしたスペースを設ける場合は、
　・周囲に危険なものがないか
　・他のお客様の席から離れているか
　・サービススタッフの動線から外れているか
などを意識して設定します。

④妊娠中のお客様には、冷房の効きすぎる場所を避ける・ひざ掛けを
用意する・クッションを用意するなど配慮を行いましょう。

食べ物のにおいなどに敏感になる人もいますので、換気の良い
席に案内すると喜ばれるでしょう。

⑤お子様と一緒に利用できる施設を用意しておきます。

　女性用の化粧室だけではなく、男性用の化粧室にも用意することや、性別に関わらず使える施設を用意しておくことが重要です。

おむつ交換台　　　　ベビーチェア　　　授乳室（男女兼用）

●仕事と育児・介護が両立できる環境

子供を生み育て、家庭生活を豊かに過ごしたいと願う人たちは多いにも関わらず、その希望が実現しにくい状況が、現在の社会です。

超高齢化社会の中、持続可能で安心な社会を作るためには、
「仕事か、結婚・出産・子育て」あるいは、「仕事か介護」という二者択一構造を解消することが必要不可欠です。
両立している人に対しての「ハラスメント」も見逃せません。

「仕事と介護を両立できる職場環境」の整備促進のためのシンボルマーク　トモニン

令和3年6月に育児・介護休業法が改正されました。
これからは男性も女性も育児・介護に深く関わりながら、仕事も両立させていくことが当たり前の世の中です。

●バリアフリートイレ

従来「多機能トイレ」「多目的トイレ」「だれでもトイレ」などと呼ばれていたトイレは、令和２年度に成立したバリアフリー法の改正により、「バリアフリートイレ」と表記するようになりました。

改正は、「本来、必要のない人が使用している」ことにより、「本当に必要な人が使えなくなり困っている現状」を改善し、適正利用を推進するためです。

バリアフリートイレは、
・車椅子使用者
・同伴が必要な人
・乳幼児連れの人
・オストメイト使用者
などの人たちが使うトイレです。

【車椅子使用者】
・車椅子を回転できる広いスペースが必要
・便器に移乗するために手すりが必要
・おむつ交換などの介助や、衣類の着脱のために大型ベッドが必要

【発達障害など同伴が必要な人】
・異性が同伴で入れるトイレが必要
・見た目はわからなくても介助が必要

【乳幼児連れの人】
・ベビーカーで入るために広いスペースが必要
・子供を座らせるためにベビーチェアが必要
・おむつ替えをするために着替え台やおむつ交換台が必要

【オストメイト（人工肛門等保有者)】
・パウチ（便をためておく装具）から排泄するために汚物流しが必要

など。
必要な人のためのトイレが、「バリアフリートイレ」です。

休憩したり、化粧をしたり、着替えたりというのは、バリアフリートイレ設置の目的とは著しくかけ離れた行為であり、その行為は「人為的な障害」であると言わざるを得ません。

男女共用のバリアフリートイレしか使えない人もいます。
トイレ内の閉めるボタンを押して外に出ると、施錠されてしまい、外から開けられなくなってしまうことがあります。
大型ベッドやおむつ交換台がたたまれていないと、車椅子使用者が出入りできないことがあります。

バリアフリートイレを使うときには、必ず「急を要するやむを得ない状況」なのかを考えてください。
バリアフリートイレを必要としている人にとって、自分が「障害」となっていないかどうかを考えてください。

管理をするときには、
・大型ベッドやおむつ交換台がきちんとたたまれているかどうか
・清潔を保たれているか
など、確認してください。

なぜなら、広いスペースが必要なのにベッドや交換台がたたまれていないと、使用することができないからです。

バリアフリートイレが
「無い」「遠くて使いにくい」「混んでいて使えない」「ベッドがたたまれていないため出入りできない」ため、短時間の外出しかしない人や、水分調整をして、トイレを利用しないようにしている人がいるのです。

バリアフリートイレを活用するために、適正な利用・運用を行い、必要としている人の「障害」を取り除いていくことが必要です。

●アレルギー

食物による病気で恐ろしいのは食中毒ですが、もう一つ注意しなければならないのが「食物アレルギー」です。

食物アレルギーとは、食物によって皮膚、粘膜、呼吸器、消化器、神経、循環器などに、同時または別々に出現する疾患のことです。重くなると、症状が複数の臓器にまでおよびます。これをアナフィラキシーといいます。中でも重い症状がアナフィラキシーショックで、血圧低下や意識障害などを伴い、食物アレルギー患者のうち十人に一人がこのようなショック症状を起こしているといわれます。

アレルギーを引き起こす原因となる物をアレルゲンと呼びます。

食物アレルギーは、「幼少期」と「成長後」とで、原因となる物質や現れる症状が変わることが分かっています。

国立研究開発法人日本医療研究開発機構（AMED）の食物アレルギー診療の手引き2020によれば、乳幼児の食物アレルゲンのトップ３は「鶏卵・牛乳・小麦」で、やがて成人に近づくにつれ「甲殻類・そば・木の実類」が加わるようになります。

●食物アレルギーには、

「即時型食物アレルギー」
　原因食物を食べてから、通常は２時間以内にアレルギー反応による症状を示す

「口腔アレルギー症候群（OAS）」
　食べた直後から始まり、唇・口腔・咽頭のかゆみ、違和感、血管浮腫（腫れる・むくむ）などが起こる

「遅発性 IgE 依存性食物アレルギー」
　食べてから数時間から半日経過してから、蕁麻疹やアナフィラキシーを発症する

などがあります。

食物アレルゲンの中でも特に重い症状を引き起こしやすく、症例数が多い食物は「特定原材料」と定められ、表示が義務づけられています。

【特定原材料】　えび、かに、小麦、そば、卵、乳、落花生（ピーナッツ）

【特定原材料に準ずるもの】

　アーモンド、カシューナッツ、くるみ、ごま、大豆、アワビ、イカ、イクラ、鮭、サバ、牛肉、鶏肉、豚肉、ゼラチン、オレンジ、キウイフルーツ、桃、リンゴ、バナナ、まつたけ、山芋

● 食物アレルギーを防ぐには

食物アレルギーを防ぐには、原因となる食物を食べないことです。

ですが、それでも発症する人は後を絶ちません。例えば卵や牛乳、小麦アレルギーの人は、「卵料理や乳製品、パンやパスタ」を避けるだけでは防ぎきれません。なぜなら思いもかけない食品に、これらの食材が使われていることがあるからです。

お客様に飲食を提供するスタッフは、アレルゲンとなる食物を覚えましょう。

【考えてみましょう】 特定原材料　7品目が含まれている製品について、考えてみましょう
「卵」
「乳」
「小麦」
「そば」
「落花生」
「えび」
「かに」

透明なコンソメスープを作るために、卵白が使われることもあります。透明度を増すために、卵白を使ってアクなどを取り除くためです。

微量なアルコールでも、アレルギー反応が出る人であれば、醤油・味噌の原材料もしっかり確認する必要があります。

このように、食材として見えない部分にもアレルギー原材料が使用されている場合もあるのです。

●アレルギーの確認・接客
①使用する食材をお客様にわかりやすく表示します。

②お客様にアレルギーの確認をし、食べられない食材・調理法の情報を確認します。

③アレルギー情報を、調理スタッフとサービススタッフ全員で共有します。
　飲食店で起こるアレルギー事故の主な原因は、スタッフ同士の連携ミスによることが多いからです。

> 連携すべきスタッフとは、調理担当とサービス担当だけではありません。
> 予約受付担当者も含まれることを覚えておきましょう。
> お客様の食事に関わる全員が、同じ情報を共有していなければ防げません。
> 情報は関連すると思われるスタッフに伝えるだけでなく
> 「他の人にも必ず話をしてください」と
> 全員が認識しているかを徹底的に確認することが重要です。

【考えてみましょう】どんな特定原材料が含まれている可能性があるでしょうか	えび	かに	小麦	そば	卵	乳	落花生
●マヨネーズ							
●チョコレート							
●カレールー							
●冷麺							
●カップ麺							
●冷凍餃子							

アレルギーをお持ちのお客様は、ごく少量のアレルゲンであっても命の危険にさらされることがあります。中には、アレルギー食材を調理したまな板や包丁、調理道具をよく洗わず、そのまま別の食材に触れただけで、アレルギー成分がその食材に移り、アレルギーが誘発されることもあるほどです。
慎重過ぎるほどの対応が求められることがお分かりいただけるでしょう。

●確認事項を徹底する

命を脅かしかねない食物アレルギー。単に「連携ミスでした」では済まされません。それは交通死亡事故を起こして「単なるハンドルの操作ミスでした」で済まされないことと同じことです。

調理、盛り付け、配膳など、全ての段階で、それぞれのスタッフが重要性をしっかり認識し、確認事項を徹底することが必要です。

●アレルギーを発症したら

全年齢を通じ、食物アレルギーで最も多いのが皮膚症状で、全体の約5割を占めるといわれています。次いで多いのが粘膜と呼吸器の症状で約2割、消化器の症状が約1割です。部位ごとに症状を挙げてみます。

皮　膚：紅斑、蕁麻疹、血管浮腫、かゆみ、灼熱感、湿疹
粘　膜：目＝結膜の充血・浮腫、かゆみ、流涙、眼瞼浮腫（まぶたの腫れ）
　　　　鼻＝鼻汁、鼻づまり、くしゃみ
　　　　口・のど＝口腔・咽頭・唇・舌の違和感や腫脹（はれ・むくみ）
呼吸器：喉の違和感、かゆみ、しめつけ感、声がれ、のみこみが困難、咳、
　　　　喘鳴（呼吸に雑音が混じる）、胸部圧迫感、呼吸困難、チアノーゼ
消化器：吐き気、嘔吐、腹痛、下痢、血便
神　経：頭痛、ぐったりする、意識障害、失禁
循環器：血圧低下、頻脈、徐脈、不整脈、四肢冷感（手足が冷たくなる）、
　　　　蒼白（末しょう循環不全）

症状を見ただけで、すぐに食物アレルギーだと判断するのは難しいかもしれません。しかし、アレルギーの疑いが濃厚だと思われる場合は、即座に対応しなければいけません。その場で安静にさせたり、薬などの服用、責任者への報告、救急車の要請などが必要だからです。

そのために日頃から緊急時の対応マニュアルを定め、サービススタッフ全員に周知徹底しておきましょう。

●異なる文化・習慣への対応

世界中から来日するお客様は、人種も宗教も様々です。宗教によっては、食事に関して禁じられている事項があります。また、宗教上でなくても、自身の信条や健康上の理由から菜食主義をとっている人もいます。

このようなお客様に対して、私たちはどのように対応すれば良いか、勉強会を開くなどして、知識を深めておく必要があります。

●キリスト教

現在、世界総人口の61億人中、キリスト教徒はその３分の１の24億人を占め、三人に一人がキリスト教徒という計算になります。

それほど信者が多いキリスト教徒ですが、食事に関しては他の宗教に比べ、制限はほとんどありません。カトリックもプロテスタントも、「絶対食べてはいけない」という物はないといえます。カトリックでは、復活祭の46日前から始まる四旬節の中で、「肉類を食べない」「断食」などの決まりがありますが、聖職者でない限り厳格なものではないといいます。

ただし、一部の宗派の中には独自に制限を設けている場合があります。
例えば、モルモン教ではカフェインや過度の肉食は禁止です。コーヒー、紅茶、緑茶は避けること、アルコールも禁忌とされます。
セブンスデー・アドベンチスト教会は基本的に禁酒、菜食です。

●仏教

世界三大宗教の一つである仏教は、信徒が５億人おり、最も信徒が多い国は中国だといわれています。

食物に関しては、宗派や国などによって意識が異なります。

もともとは生き物を殺生するのを禁じたことで、肉類を使わない精進料理が生まれました。ですが今は、肉類を食べる人も増えています。ただし、僧侶や厳格な信徒は、食事を修行の一つと考えるため、禁止事項を忠実に守っています。

避ける食材としては、肉全般の他、五辛や五葷と呼ばれるニンニク、ニラ、ラッキョウ、ネギ、アサツキなどの匂いの強い野菜です。修行の妨げになるなどの理由です。

肉そのものだけではなく、ブイヨン、ゼラチン、肉のエキス（肉の煮出し汁、あるいは肉を酵素で分解した液汁を濃縮したもの）、バター（牛乳の脂肪）、ラード（豚の脂肪）なども含まれます。植物性の物で代用したほうが良いでしょう。

●ユダヤ教

世界には1,400万人のユダヤ教徒がいて、世界中に散らばっています。
旧約聖書に基づくユダヤ教の食事規定には、食べて良い物といけない物とが厳格に定められています。
この規定を「カシュルート」といい、それに則った食物をカシェル（またはコーシェル）といって、細かく指定されています。カシェルは食品だけを指すのではなく、ユダヤ教の祭礼用の祭具や衣類についても適切な物を指す場合もあります。

カシェルによれば、動物の中で食べて良いものは、ひづめが完全に二つに割れていて反芻する動物です。牛、鹿、羊などがこれに該当します。
ひづめがあっても、豚や猪は反芻しないため食べられません。ウサギも同様です。
特に豚については、不浄であるうえ、ひづめが割れていても反芻しないから、とされています。家畜の屠殺に関しても厳格に規定されており、最も苦痛の少ない方法で、一撃で殺した物に限るとされます。
また、肉類と乳製品を一緒に食することは許されません。

鳥については、24種類が禁止されています。多くが猛禽類で、ワシ、鷹、トンビ、フクロウなどは口にできません。

魚で食べて良いのは、ヒレとウロコのある魚だけで、その魚の稚魚や卵も食べられます。
鮭は食べられますが、ウロコを持たないナマズなどは食べられません。鮭の卵であるイクラは食べられますが、ウロコのないチョウザメの卵（＝キャビア）は食べられません。また、魚類以外の水生動物ではカニ・エビ、タコ、牡蠣、貝類、イカなども食べてはいけない物と規定されています。

●イスラム教

キリスト教に次ぐ世界第2位の宗教がイスラム教です。
18億人いるとされ、インドネシア、パキスタン、バングラデシュ、インドなど、イスラム教徒の多くがアジアに住んでいます。
イスラム教徒のことをムスリムといいます。

ムスリムが口にできる食物は厳格に決められています。
食べて良い物は「ハラール」、食べていけない物は「ハラーム」と呼ばれます。

「ハラーム（食べてはいけないもの）」の代表は豚です。

豚肉を使ったハム、ベーコン、ソーセージも同様です。肉そのものだけではなく、ブイヨン、ゼラチン、肉のエキス（肉の煮出し汁、あるいは肉を酵素で分解した液汁を濃縮したもの）、ラード（豚の脂肪）なども含まれます。牛・鶏・羊は食べられますが、イスラム法に則った屠殺による物であることが条件です。

酒類はハラームで厳禁とされ、アルコールが添加された味噌や醤油なども使用できません。

野菜・果物・穀物や、魚や貝などの魚介類は基本的にハラールです。牛乳やヨーグルト、バターなどの乳製品や、卵もハラールなので、食べることができます。

イスラム教では食に対する戒律は厳しく、ハラームが料理に入っている場合は、それを皿の端によけて食べることさえ許されません。

日本人にとって、何がハラールであるかを見極めるのは難しいですが、目安となるのがハラールマークです。このマークは戒律に違反していないと認定された食品にのみ与えられるもので、この認定マークがついていれば、お客様にも提供できます。

なお、イスラム教ではイスラム暦の９月に当たるラマダンの間、日の出から日没まで断食することを義務づけています。

●ヒンドゥー教

インド国民の８割を占めるヒンドゥー教も、食事に関しては厳しい宗教です。

特に牛は神聖なものとして扱われ、食べるなどもってのほかです。牛肉そのものだけでなく、出汁や脂肪が使われている物も厳禁です。ブイヨン、ゼラチン、バター、牛脂も調理に使用できないので注意しましょう。

また、豚は不浄なものとして嫌われ、魚も禁止です。

野菜については種類によっては食べることを禁止されています。ニンニク、ニラ、ラッキョウ、ネギ、アサツキなどのネギ類はほぼ禁止されています。

こうした野菜は匂いが強いことから、興奮剤の一種とみなされ、体内の臓器に負担をかける物と考えられ、口にしません。

●菜食主義

菜食主義は、食習慣上の主義の一つです。
宗教上の理由、健康志向、倫理理念、環境保護観点、動物愛護など、様々な理由で菜食主義を実践している人がいます。

ベジタリアンは、日本では「菜食主義者」と訳されるため、肉などの動物性たんぱく質を一切口にせず、野菜だけを食べる人の総称のように思われがちですが、正確にいえば、ベジタリアンはそのうちの一つです。

「ベジタリアン（Vegetarian）」
　　その名のとおり菜食主義者で、肉と魚は一切口にしません。
　　牛乳、乳製品、卵などは食べます。
　　野菜や果物・ナッツ類などの植物性食品を食べます。

「ペスクタリアン（Pescetarian）」
　　肉は一切食べませんが、魚介類を食べるところがベジタリアンと異なります。
　　牛乳、乳製品、卵などは食べます。
　　野菜や果物・ナッツ類などの植物性食品を食べます。

「ヴィーガン（Vegan）」
　　肉や魚はもちろんのこと、動物性食品は一切口にしません。
　　牛乳、乳製品、卵、蜂蜜、ゼリーなど、動物性由来の食品も食べません。
　　野菜や果物・ナッツ類などの植物性食品を食べます。

他にも、「フルータリアン（Fruitarian）」果実・種子・ナッツのみを食べるという人もいます。

ドイツ・イタリア・イギリス・スウェーデン・アメリカなどでは人口の３〜10％がベジタリアンだといわれています。また、日本でもこうした菜食主義の人は年々増えています。

多様な食習慣を把握し、食べられる物、食べられない物をよく理解し、それをスタッフ全員で共有しておきましょう。

第4章
お客様を守る接客

❖ 安全は全てのサービスに優先する

どんなに美味しい料理を提供したとしても、
どんなに丁寧なおもてなしを実践しても、
食中毒などの事故が起きれば、信用は失われます。

なによりも優先されるべきは「安全性」です。
お客様と従業員、施設に関わる全ての人にとって安全であることが、一番大切です。

そのためには、
　・衛生管理（スタッフの衛生、または害虫害獣の駆除を含む）
　・食材管理
　・ガス、電気などのエネルギー管理
　・緊急時の対応
など多岐にわたる安全管理と、そのための意識が必要です。

様々なマニュアル・対処方法・トレーニングを積み、事故を未然に防ぐ努力をしていても、起きてしまうのが事故・トラブルというものです。
飲食店を例に「起こりがちなトラブルと対処方法」について紹介しましょう。

①お客様の体調不良
体調不良を訴えるお客様がいたら、どう対処すべきか？
　まずお客様がどのような状態かを確認し、どうされたいのか希望を聞きましょう。
　横になりたい場合は可能なら別室や目立たないスペースを用意します。
　意識が無いなど、緊急と判断されるときは救急車を呼びます。

②お客様の体調不良
帰宅したお客様から体調不良の連絡があった！
　食事をした時間やメニュー、症状、連絡先を必ず伺います。
　食中毒かどうかの判断は非常にデリケートな問題です。
　また、集団食中毒の可能性が考えられる場合、そのお客様だけに起きた体調不良なのか、同席された人にも、同じような症状が発生しているかなど確認をします。
　食中毒が疑われる場合は、食中毒発生の特徴（食べてから発症するまでの時間など）も確認・説明しておきましょう。

体調不良を訴えるお客様は、店に疑いを持ちご立腹のケースもあります。
不用意な発言は慎み、責任転嫁と受け取られてしまわないように、慎重な対応が求められます。
なによりも大切なのは、お客様の体調を気づかうことです。
症状によっては、病院への受診も強くおすすめするべきでしょう。病院で、食べた内容などを聞かれる場合もあるので、食材の貯蔵状態や調理法などを具体的に説明しましょう。

③お客様の体調不良
突然倒れた！ そんなときは？
　飲食店ではアルコールの提供もありますし、体調が変化しやすい場でもあります。
お客様が倒れるのは、一時的に気分が悪くなるケースもあれば、心不全や脳梗塞など、命に係わる重篤な発作である場合もあります。
他にも考えられるのは、
「急性アルコール中毒」「貧血」「食物アレルギーによるショック」などです。

突発的な急病については、まず倒れたお客様に声をかけ、意識の有無を判断し、周辺のスタッフとも連携して冷静に対処を行います。
救急車が到着するまで、むやみと動かさないことが重要です。

●具体的な対応
　まず、お客様の状況を判断しましょう。
　　１.意識の有無
　　２.話しができるか
　　３.呼吸をしているか
　　４.顔色はどうか
　　５.冷や汗をかいていないか
　　６.自分で歩けるか
　　７.脈拍はどうか

これらをチェックして緊急性がある場合、救急車を呼びます。
緊急性が無い場合はタクシー（福祉タクシーを含む）や所有する車両で医療機関へ搬送しましょう。
診察時には、そのときの状況や提供した食材など、医師からの質問に答えられるように状況を整理しておきましょう。結果的に店側に落ち度がない場合でもアフターフォローを心がければ、店側の誠意が伝わるでしょう。

●救急車を呼ぶときの準備

倒れたお客様に同席者がいる場合、倒れた原因に心当たりはないか、倒れる寸前の様子はどうだったかなど、状況を把握します。持病があるなど、倒れる原因がありそうな場合は、救急隊員に伝えます。

119番に通報すると、折り返し聞かれるのは、
　・現在地の住所
　・患者に意識・呼吸・脈拍はあるか
　・通報者の氏名・電話番号
などです。
的確に答えられるようにしておきましょう。

救急隊が到着してからは、
　・倒れたときの状況
　・通報してから隊員到着までに変化があったか
　・どんな手当をしたか
　・具合の悪い人に関する情報（同行者または本人から持病や常用薬など）
などです。
正しく伝えられるように、事前に同行者に話を聞いたり、近くにいたスタッフに確認するなどして、どのような状況だったか、誰がそれを見ていたかなど、情報を整理しておきましょう。

●救急車を拒否された、判断に迷うときは

非常に具合が悪そうであっても、本人ははっきりと意識があり、「救急車を呼ばなくていい」と主張するお客様もいます。
無理に救急車を呼ぶわけにもいかず困る場合には、いきなり「119番」ではなく、「#7119（救急安心センター）」に電話して相談しましょう。
現状起きている状況を説明すると、救急車を呼ぶべきか、場合によってはその場で救急車を手配してもらえます。
ホテルやレストランでは、トラブル対応によって評価が定まるといっても過言ではありません。

●応急手当

医師や救急隊員に引き継ぐまでの間、その場でできる処置を、「応急手当」または「救急処置」といいます。

応急手当の場合、備えてある救急箱の中の物を使ってできる範囲に限られます。

よく似た言葉の「応急処置」は、救急隊員が行う処置と定義されています。

食事中に飲みすぎたり、物が喉につかえて嘔吐したりするお客様に対しては、救急車を待つ間、スタッフが介護します。

また、けがをして動けないなどの場合は、意識の有無など状況を慎重に見ながら、複数のスタッフでお客様を囲い、他のお客様の目に触れないようにしながら別室に運び、応急手当を行います。

頭部を打って意識を失った場合は、むやみに動かすのは危険です。

すぐに通報して、救急隊員の指示に従いましょう。

● AED

AEDとは自動体外式除細動器のことで、Automated External Defibrillator の略です。

突然、心停止状態に陥った心臓を正常なリズムに戻すための医療機器です。心臓が突然止まってしまうのは、心臓がけいれんし、血液を流すポンプ機能が失われるためで、この状態を心室細動といいます。

心電図を自動計測し、必要な場合は電気ショックを与えます。

倒れている人が心室細動か否かの判断は、AEDが自動的に行います。

音声でガイドしてくれるので、一般の人でも簡単に使えます。

AEDが作動しない場合はAEDの指示に従って人工呼吸、心臓マッサージの心肺蘇生を続けてください。

ホテル、ショッピングモール、空港、駅、スポーツクラブ、公共施設などを中心に置かれています。

❖ お客様を守る

地震や火事、大雨や台風、事件事故など、いつやってくるかわからない災害に備えるには、日頃からの訓練と、マニュアルの整備が重要です。

施設がビルの中にある場合などは、ビルの避難手順に従います。道路に面している場合や、一軒家のような建物の場合は、「避難経路を決めておく」「近隣の避難所を把握しておく」など、スタッフ全員が安全な行動ができるように決めておきます。
また、日頃から、「避難経路が使える状況か」「防火扉の前に荷物が置きっ放しになっていないか」「災害時に必要な備品は揃っているか」などをきちんとチェックしておきましょう。

「地震」
地震の揺れは、だいたい１分程度で収まることが多いので、まず自分がパニックにならないように気をしっかり持つことです。
揺れが大きいときはテーブルの下や柱の周囲などに身を伏せます。

お客様に「テーブルの下に伏せてください」「頭をかかえてください」と指示してから、自身の安全を保ちます。厨房にいるスタッフはすぐに火の元を消します。
物が倒れるほど大きな地震の場合は、周囲をよく見回し、倒壊しそうな箇所からお客様を誘導し、安全な場所に移動します。
エレベーターは作動していても使用しません。途中で止まって閉じ込められる恐れがあるからです。

「火事」
発火場所はほとんどが厨房ですから、お客様を誘導しながらその反対方向に逃げる方法を日ごろからマニュアル化しておきます。
避難の際は、煙が充満する恐れのない所を選びます。
煙は上に上がります。低い位置には比較的酸素が残っています。ハンカチやタオル、あるいはネクタイを三角状にして口にあて、頭の位置を低くし、床を這うようにして進みます。
煙が充満し、視界が悪くなることがあります。方向が分からなくならないようにするため、壁を触りながら避難します。

❖ スタッフを守る

ある弁当店で、酒に酔ったお客様が温め用の電子レンジが使えないことに腹を立て（感染症対策で使用禁止にしていた）、スタッフにお金を投げつける、という事件がありました。

このときはスタッフが毅然とした態度で対応したこと、その様子が一部始終、動画に収められていたことで、店は泣き寝入りを免れています。

逆にその動画が SNS で拡散され、酔客が後日謝りに訪れた、という幕引きでした。

このように SNS で話が拡散したり、後日になってからクレームが寄せられるケースなどでは「言った」「言わない」の水掛け論になる危険性があります。

そのような悪意に基づくトラブルや横暴に対しては毅然とした態度で対処します。

その場で何が起きていたのかを記録・録音するという自衛策は重要です。

スタッフを守ることは、良いお客様を守ることにつながります。

●予約確認の徹底

「予約したのを忘れていた」「日時を勘違いしていた」というノーショーを防ぐために有効なのが、予約確認です。ネットで受けた予約を電話で確認するほか、前日や前々日のタイミングで電話をし、内容の確認をします。

土壇場でキャンセルすること（ドタキャン）と、ノーショーでは事情が違います。突然の不幸や事故で来られなくなるケースもあります。

そうした不可抗力によってキャンセルせざるを得ないケースにまでキャンセル料を課してしまうのは酷だという場合もあります。

そのためにも、予約のときに「予約時間の30分前でも結構です。何かございましたらご連絡ください」と申し添えるのも一案です。

当日であったとしても連絡いただければ、確保していた食材を予約外のお客様におすすめすることもできます。

空いた席に予約の無いお客様をお通しすることもできるでしょう。

もし不可抗力な事情でドタキャンせざるを得なくても、きちんと連絡をくださるのは良いお客様です。

むしろ「大変でしたね。ご事情、かしこまりました。落ち着かれましたら、是非お越しください」とお話しすれば、また来てくださるかもしれません。

●クレームとコンプレインの違い

お客様に満足していただくことが一番大切であるのにも関わらず、ときにはお客様に満足していただけない場合があります。

それが「クレーム」「コンプレイン」です。

クレーム（Claim）は、「苦情」のことです。
お客様が損失を受けたと感じ、損害賠償や改善要求などの訴えを指す言葉です。

一方、コンプレイン（Complain）は、「不平・不満」のことです。
お客様の感情的な不満足を指す言葉です。

どちらも、お客様が満足しなかった状況なので、「クレーム・コンプレイン」を区別せずに、同様の対応を行う場合もありますが、それぞれの言葉の意味をきちんと知ることで、よりお客様の気持ちに寄り添った対応ができるようになります。

クレームやコンプレインは、当日その場で発生する場合もありますし、後日発生する場合もあります。どちらの場合でも、一番大切なことは、「迅速に対応する」ということです。
本来は、楽しく過ごしていただくことが一番大切なのですから、お客様に満足してもらえないような接客をしないように気をつけなくてはいけません。

クレーム・コンプレインがあったとき、スタッフがけっしてやってはいけないことは、「言い訳」をすることです。仮にお客様に落ち度があったとしてもです。どんな状況でも、お客様を怒らせたり困らせるという、起きてはいけないことが発生したのですから、まずは謝罪をします。

謝罪は、怒らせてしまったお客様に対してはもちろんですが、周囲のお客様に対しても行いましょう。

なぜならば「失礼しました」「申し訳ございません」などという言葉を聞かせること自体、他のお客様たちの気持ちも不愉快にさせてしまうからです。

●クレーム・コンプレインを防止するためには

一番の防止策は、クレーム・コンプレインに対する情報を各スタッフがしっかりと情報共有することです。

どのようなシーンで、クレーム・コンプレインが発生するのかを各スタッフが理解し、同じミスを起こさないように注意することが大切です。

自分が関係していないことであっても、「自分には関係ない」「そのようなサービス・接遇は行っていない」などと思わず、「どんなことをすれば、お客様に満足してもらえただろうか」と考えることです。

一人ひとりが注意をし、お客様満足を意識しながら行動することで、クレーム・コンプレインを防ぐことができるのです。

防止するための行動
・予約やオーダーを受けるときには、必ず復唱し、特別なリクエストの有無などきちんと確認する。
・お客様がいるスペース（パブリックスペース）では、従業員同士が無駄なおしゃべりをしない。
・常にお客様の様子を確認し、不安なことがないかどうかを確認する。
などです。

また近年、「めんどくさいことをいう人」＝「クレーマー」と思っている人が多いようですが、それは大きな間違いです。

・お客様が悪質なクレームを言っているか、
・本当にお客様が不快な思いをしているのか、
・スタッフの心配りが足らず迷惑をかけてしまっていないか、
・お客様がスタッフの説明に不安を感じていないか、
などを、しっかりとお客様の話を聞いたうえで判断することが大切です。

「謝ればいい」わけでも、「クレーマーだから、なんでも言うことを聞けばいい」わけでもありません。
正しい判断をする習慣をつけましょう。

●クレーム対応

クレームにも様々なケースがあります。

悪質なクレームは、SNSなどを使って"炎上"を狙う「故意」によるトラブルです。
警察に通報するほどでなかった場合でも、しっかりとした対応が必要です。

まず、トラブルの現場では、いったん「失礼いたしました」「申し訳ありません」と
謝罪をします。
この謝罪の内容は、「ご不便をおかけした」「不快な思いをさせた」ことに対する謝罪
です。
全面的に相手の要望を聞くという意味ではありません。

お客様の話をよく聞いたうえで、一人で判断せず、必ず周りに聞いてから行動します。
すぐにお客様が許してくれた場合であっても、必ず、上司に報告を行ってください。
報告は、同じようなクレーム・コンプレインを繰り返さないために、「スタッフを守
るための必要な業務」です。

●警察を呼ぶときの判断基準

UG（アンデザイアブルゲスト）と呼ばれるお客様がいます。
これは反社会的勢力に関わる人をはじめ、悪質なクレーマーも含まれます。
このような人（UG）は、施設側のミスを盾に「謝罪の仕方が悪い」とか「部下の不
始末を上司に報告していない」など、同じ文句を何度も言うようになり、いずれ「ど
う始末をつけるのか？」と言い始めます。

施設側としては「お詫びしてもお許しいただけないとなりますと、どうすればよろし
いでしょうか」と回答することになります。
実際、それが正論なのです。
UGが「そんなことはそちらで考えれば分かるじゃないか」と言い返してきたとして
も、「それが分からないから、お客様にお聞きしているのです」と、あくまで先方に
要望を語らせ、施設側は対処を決めないことです。

もしUGがこちらの言葉に釣られて不用意に「金で誠意を示せ」とでも言えば、それ
は即、恐喝罪となるので、警察に連絡を取ります。
繰り返しクレームをしてくるUGや非常識な物言いをする相手なら、自衛のために
レコーダーで録音しておく方法もあります。

●報告書（トラブル処理など）の書き方
クレームやトラブルは、改善や成長するきっかけとしてとらえましょう。

クレーム報告書を社内で共有すれば、全スタッフに周知でき、再発防止につなげることができます。

- A. 受付日
- B. クレーム担当者
- C. クレームの発生日時
- D. クレーム発生場所（お客様より聴取）
- E. お客様の情報
- F. クレームの内容
- G. クレームが発生した原因（調査が必要な場合はその旨を記載）
- H. 対応内容、今後の対応策

を明記します。

そして、その日起こったことを冷静に、客観的に、
「何が起きたか」「なぜ起きたか」「結果どうなったか」
を該当するスタッフ・チーム・会社全体で考えることが重要です。

また、「自分も同じようなことをしていないか」「自分だったらどんなことができたか」を考えることも必要です。

報告書を作る目的は、あくまでも再発防止に役立てるためです。
クレームやトラブルを起こしたスタッフ・部署を責めるためのものではないことを明確にしておきましょう。

スタッフを責めるために報告書を作成させているのであれば、「怒られるのが怖くて、上司に報告をしない」「何度も同じクレームが来ても、報告書がないので改善されない」「前回クレームを受けたお客様をまた同じ内容で怒らせてしまった」などということが発生します。トラブルを繰り返すことは、働くスタッフにとっても、お客様にとっても、施設にとっても、良いことは一つもありません。

●感染症対策について

感染症とは、細菌やウイルスなど病原体が体内に侵入したことにより、発症する病気のことです。感染症を起こす病原体は、ウイルス（インフルエンザウイルス・コロナウイルス・ノロウイルスなど）・細菌（コレラ菌・大腸菌など）などがあります。抵抗力の弱い高齢者・幼児・持病がある人は、重症化しやすいため、予防対策は必要です。

主な感染経路は、
　　・空気感染（空気中を浮遊しているウイルスなどを吸い込むことによる感染）
　　・飛沫感染（くしゃみや咳などによる飛沫を吸い込むことによる感染）
　　・接触感染（病原体に感染者・物と接触したことによる感染）
　　・媒介物感染（汚染された虫・蚊・水・食品を介して感染）
などです。
「換気をする」「距離をとり、密集を避ける」「会話をするときにはマスクをつける」「手を洗う」「消毒・殺菌を行う」などが、感染症の基本的な対策となります。室内の空気の衛生的管理も重要です。

自分自身が感染症にかかることによって、スタッフやお客様にうつしてしまう可能性があることを理解し、体調管理もお客様サービスの一環だと考えましょう。
体調が悪いときには、無理をしてはいけません。

感染の広がりを予防する一つの方法として、感染が広がっていく経路を遮断することが必要です。そのために、日頃から感染予防として「手洗い」「咳エチケット」を行います。
「手洗い」
　　ドアノブや電車のつり革・手すりなど様々なものに触れることにより、自分の手にもウイルスが付着している可能性があります。
　　出勤後、帰宅時、調理の前後、食事前などこまめに手を洗いましょう。
「咳エチケット」
　　咳やくしゃみが直接人にかからないようにカバーしましょう。
　　ティッシュなどで鼻と口を覆ったり、周囲の人からなるべく離れたり、マスクを着用するようにしましょう。咳やくしゃみをした後は、必ず手洗いをします。

感染症が急速に拡大すると、生命・健康が脅かされるだけではなく生活・経済にも甚大な影響を与えます。
一人ひとりの意識が大切になります。互いを思いやる心が、多くの人の生命・健康につながることを意識しましょう。

❖ インナーブランディング

●インナーブランディング

自社の理念やブランド価値を、社内で共有する「インナーブランディング」は、お客様の「居心地」につながる部分です。

「料理が美味しいこと」「施設がきれいなこと」は当然として、
「隅々まで掃除が行き届いていること」「スタッフがいつも笑顔であること」「誰もが親切であること」「場の雰囲気が和やかであること」
など、お客様に「楽しかった」「また来たい」と思っていただくために大切な要素になります。

接遇介助士ホスピタントは、インナーブランディングの一つです。
様々な個性に対して、
・自分たちのおもてなしが適切かどうか
・相手のことをどれくらい知っているのか
・相手に合わせた行動ができているか
・自分たちが提供する物・サービスを喜んでもらえるように作り上げているか
など一つひとつを考え、
「自分の施設に合わせ、その中で最大限できることは何かを考えること」が、ブランド価値につながります。

スタッフの意識改革も大事なのです。
「難しいからできなかった」のではなく、「知らないからできなかった」という意識改革です。そして、「知っていたからできた」に変革することです。

知識と技術を身につけたスタッフは、全てのお客様に対して、今まで以上のすばらしいおもてなしができるようになります。
今まで気がつかなかったことに気づき、より改良・改善ができるようになります。
そのおもてなしは、スタッフ間で共有することができるようになります。

それが、インナーブランディングの最大の効果です。

❖ できることを奪わない接客・接遇

お客様に、すばらしい時間と空間を楽しんでもらうことが接客・接遇の目標であり、目的です。

そして、接遇介助士ホスピタントは、ヒューマニティ "人間性尊重精神" を大切にした接客・接遇ができる人のことを指します。
様々な個性があり、それぞれ「できること」と「できないこと」などがあり、その内容は、一人ひとり全員違います。
また、病気やケガにより、急にできなくなったり、加齢によりできることが少なくなったりすることもあります。
日々、人の環境は変わっていくのです。
だからこそ大切にすべきなのは、人間性尊重精神なのです。

働き始めた新入社員は、初めはできないことが数多くあるでしょう。
でも、できないからといって、誰かがその仕事をしてしまっては、その社員は一生成長することはできません。
「その仕事に必要な知識・技術はなにか」を一緒に考え、本人に十分理解させることで、色々なことができるようになるのではないでしょうか。

サポート（介助）も同じことがいえます。
サポートが必要なのはどの部分なのかを考え、サポートを受ける人の意向をしっかりと受け止めたうえで行うべきなのです。
本人ができることを、またはやろうという意思があることに対して、「できないでしょうから、代わりにやります」と言って、周りが勝手にやってはいけないのです。
本人ができることを勝手に周囲がやってしまうことは、「おもてなし」でもなんでもなく、ただの強要です。

「やってあげる」という考え方は、
"真っ暗な部屋に閉じ込めてしまうこと" と同じです。

接遇介助士ホスピタントは、
「できることを奪わない」接客・接遇を実践してください。
「一人ではできなくても、ホスピタントが少しお手伝いすればできる」ようになる接客・接遇を目指してください。

「なんでもやってあげる接客・接遇」は、ただのロボットです。
調理場からテーブルまで料理を「運搬する」だけならば、ロボットに任せた方が効率的です。
運ぶだけの仕事だから、「料理の向き」も、「並べる順番」も、「置き方」も気にせず、ただ運ぶだけです。
でもそれではせっかくの上質なお料理も、台無しになってしまいます。

お客様が美味しい料理を食べたいと、わざわざお越しくださったのに、「美味しい料理を食べること」を奪っているのと一緒です。

食べ終わっていないのにも関わらず、できた順にどんどんテーブルの上に料理を並べてしまう行動が、適切なサービスでないことは誰もが分かることです。

●一歩前に出る
店にお客様が来たら「いらっしゃいませ」と声をかけますよね。
それだけなら、誰にでもできることです。
もちろんロボットにも、できることです。

人が入ってきたから反射的に「いらっしゃいませ」と声を出すのではなく、一歩前へ出て「あなたをお待ちしておりました」という気持ちで、「いらっしゃいませ」を言うことが、ホスピタリティ精神で、さらに、相手を見たときに「何ができるかを考えること」がヒューマニティです。
口先だけでなく、自分の持つ知識・技術を態度にのせて提供するのです。

お越しになったお客様は、様々な期待をしています。
そして、様々な要望・希望があります。
全てを手伝うことが「おもてなし」なのではなく、「その人に合わせた介助・サポート」を行うことが、接遇介助士ホスピタントの「おもてなし」です。

❖ ありがとう

これほど「人」と「人」とをつなぐすばらしい言葉はないのではないでしょうか。
世界共通語であり、どの国でもこの感情を示す言葉があります。
「ありがとう」と言った人も言われた人も、温かい気持ちに包まれます。

日本人に比べ、欧米人は色々な場面でこの言葉を使います。
レストランでもそうです。
スタッフが料理を運んだり下げたりするたびに、こちらに顔を向け、「ありがとう」と言います。全ての人とはいいませんが、多くの人が自然にこの言葉を口にしています。

「ありがとう」は相手に対する感謝の言葉です。
お客様にとっては、料理を運んだり下げたりしてくれるスタッフへのねぎらいの気持ちと同時に、美味しい料理を作ってくれた人、新鮮な食材を提供してくれた人への感謝の思いもその言葉には込められています。

店側が来店されるお客様に「ありがとうございます」と感謝するのは当然ですが、お客様も美味しい料理を提供する店側に対して「ありがとう」の気持ちを持つことは、提供する側といただく側との関係をより豊かなものにし、共に実りある時間を共有できます。

「ありがとう」は、人と人との心を結ぶ潤滑油となる言葉です。

来てくれたお客様には、感謝の言葉を伝えましょう。
自分がお客様の立場になったときには、自分を迎え入れてくれた人たちに、感謝の言葉を伝えましょう。
ありがとうの一言が、たくさんの幸せをつくっていきます。

来てくれた人に、
出会った人に、
助けてくれた人に、
ほめてくれた人に
是非、「ありがとう」を忘れずに添えてください。
スタッフ同士も、常に配慮や感謝の気持ちを伝えることが働きがいのある職場環境と離職を減らすことにもつながります。

〈<ruby>参<rt>さん</rt></ruby><ruby>考<rt>こう</rt></ruby><ruby>文<rt>ぶん</rt></ruby><ruby>献<rt>けん</rt></ruby>〉

● パーソナル・プレゼンテーション・プログラム
　　一般社団法人 日本資質表現教育協会
● 介護のプロが伝える認知症の世界
　　一般社団法人 日本顧問弁護士協会
● 宴会サービスの教科書
　　NPO 法人 日本ホテルレストラン経営研究所　理事長　大谷 晃
　　　　　　　　　BIA ブライダルマスター　遠山詳胡子
　　　　　　日本葬祭アカデミー教務研究室　二村祐輔　共著
● 旅館ホテル・観光の教科書
　　NPO 法人 日本ホテルレストラン経営研究所
　　理事長 大谷晃／上席研究員 鈴木はるみ 編
● 「旅館ホテル」のおもてなし
　　NPO 法人 日本ホテルレストラン経営研究所
　　理事長 大谷晃／上席研究員 鈴木はるみ／「旅館ホテル」おもでなし研究会 監修
● 日本料理の支配人
　　NPO 法人 日本ホテルレストラン経営研究所
　　理事長大谷晃／日本料理サービス研究会 監修
● フランス料理店　支配人の教科書
　　NPO 法人 日本ホテルレストラン経営研究所　理事長　大谷晃 著

■ NPO 法人日本ホテルレストラン経営研究所
わが国の優れた接客・接遇の知識と、サービス精神・おもてなしを世の中に発信し、様々な産業の発展に寄与するため、教育・研修などに関する事業を行っている。
ヒューマニティ概論やホスピタントマナーなど、新たな教育プログラムを開発し数多くのセミナーを開催。雑誌・新聞への情報発信、テレビ番組の監修なども行う。飲食業界向けにコンサルタントも行っている。理事長を大谷晃が務める。

〒101-00261　東京都千代田区神田佐久間町河岸82-5　H.R.M. ビル
Phone 03-3863-9241（代表）　Fax03-3863-9251
http://www.npo-hrm.org/

大谷　晃（おおたに　あきら）

東京都生まれ

都内の高級ホテルで、宴会およびレストランの現場でサービスの経験を積んだ後、イタリアンおよびフレンチレストランの支配人として勤務。

その後ホテル・レストランを対象とした人材紹介・派遣を主たる業務とした株式会社H.R.M.を設立。代表取締役社長に就任。加えて外国人を含めた人材育成のため、NPO法人日本ホテルレストラン経営研究所を設立。料理、ワイン、チーズの本場であるフランス、イタリアなどで研鑽、各国の団体より騎士の称号を叙任される。教育現場では「食やテーブルマナー」などの教育指導、旅館ホテルでの「おもてなし」文化を普及している。

2021年秋の叙勲にて瑞宝単光章を受章。

著書として「大人の男の品格を上げる知的快食術」「高級店で尻込みしない最低限の大人のマナー」「大人のための「テーブルマナー」の教科書」「宴会サービスの教科書」「フランス料理店　支配人の教科書」、編著書として「日本料理の支配人」「旅館ホテル・観光の教科書」「旅館ホテルのおもてなし」がある。

鈴木はるみ（すずき　はるみ）

福島県生まれ

都内の高級ホテル、会員制ホテルなど20年に及ぶ現場経験を基に、ホテルなどの各施設で「マネージャー研修」「スキルアップ研修」「マナー講習」などを行う。また教育現場では「旅館ホテル研究」「ビジネスマナー」「ウエディングプロデュース」など知識と技能習得の実践的教育を行い、多くの旅館・ホテルなどの現場に後進を送り出している。特にブライダルには造詣が深く、BIA（公益社団法人日本ブライダル文化振興協会）主催の全国から選び抜かれたブライダルコーディネーターの頂点を目指す「マスター オブ ブライダル コーディネーター コンテスト」では、グランプリを獲得。その卓越した能力を証明した。現在はNPO法人日本ホテルレストラン経営研究所の上席研究員も務め、日本国内の旅館・ホテルで通用するスタッフの育成を行っている。

編著書として「旅館ホテル・観光の教科書」「旅館ホテルのおもてなし」などがある。

接遇介助士ホスピタントの教科書

2023年3月13日　初版発行

編者　大谷 晃　鈴木はるみ

発行　株式会社 キクロス出版
　　　〒112-0012 東京都文京区大塚6-37-17-401
　　　TEL. 03-3945-4148　FAX. 03-3945-4149

発売　株式会社 星雲社（共同出版社・流通責任出版社）
　　　〒112-0005 東京都文京区水道1-3-30
　　　TEL. 03-3868-3275　FAX. 03-3868-6588

印刷・製本　株式会社 厚徳社

プロデューサー　山口晴之

ISBN978-4-434-31856-6　C0063